# 你變簡單，人生才能簡單

U0068678

**一堂禪學的心理諮商課，學會放下與捨得**

人生在世，三千煩惱絲，
剪不斷、理還亂，如何是好？
不用轉職、不用看醫生、不用出國散心，
你只需要讀一讀禪學。

韓立儀
舒　欣　著

# 目錄

目錄

## 第三章　善待逆境，不畏艱險陽光總在風雨後

目錄

目錄

# 捨得篇

## 第一章　適時而退，退一步將是海闊天空



## 第二章　躲避鋒芒，狹路相逢巧妙「避讓」為上策

## 第三章　切勿貪心，懂得知足才是真幸福

目錄

## 第五章 庸人自擾，該放則放人生就怕計較

目錄

# 前言

禪是一種境界，也是一種生活，如果我們細細品味，就會體味到禪的寧靜。品禪雖不求皈依佛門，但是卻可以藉著禪來得到喧囂塵世中的一道清泉，一道靈光。於是也就在頓悟之時，我們獲得了心靈的洗禮，如當頭棒喝，讓我們懂得了寬心與捨得的道理。

人心總是輕而易舉的就從浮華的人世中失去自我，總是會被各種私心雜念，各種名利所誘惑，如果我們能夠安靜的坐下來沉思，放下那些私心與雜念，拋卻名利，那麼這個世界將會變得無限美好。

在人生的旅途中，我們整天忙於奔波，遭遇生活和工作中的種種壓力與不如意，這已經讓我們的心靈找不到一片閒適而安靜的場所。在這個塵世紛擾的環境中，我們嚮往、追求的東西太多，而往往忘記了我們的自身，迷失了我們的本真。

在這個世界上沒有什麼會永垂不朽，沒有什麼是真正屬於我們的，但是只有一樣東西是例外的，那就是我們的心靈。茫茫塵世，形形色色，唯有心靈明淨，寬心捨得，才能夠忘卻煩惱，忘卻憂愁，讓生活輕鬆快樂。

作為一個人，我們的力量有的時候是渺小的，渺小到我們不能改變這個世界；但是有的時候我們的力量又是偉大的，偉大到我們可以改變自己。我們只有在茫茫塵世當中保持一顆明淨而安寧的心，懂得用一顆平常心來對待生活，那麼我們才有可能領悟到人生的真諦。

在這個充滿了名利之爭的世俗社會中，讓我們找一個可以讓自己安靜下來的時間與地點，能夠靜靜品讀書中每一個禪意十足的故事。讓你在輕鬆自然享受故事情節的同時，領略到禪的獨特魅力；讓你知道禪雖然不可以視觸，但是卻可以心靈感悟，自入心中。而本書的每一則禪故事都充滿了禪宗的大智慧，隱含著寬心與捨得的處世真諦，讓你就此而悟，寬心捨得。

# 寬心篇

# 第一章　心態平和，讓心靈能夠獲得更多養分

## 學會忘記，擁有寬心和快樂

**☆智慧語☆**

自在本乎其心，心法本乎無住；無住心體，靈知不昧，性相寂然，包含德用，該攝內外，能深能廣。——澄觀大師

**☆藏經閣☆**

無際大師是有名的得道高僧，當人們遇到困難的時候，都喜歡找他尋求幫助。

有一天，一位年輕人背著一個大包袱，氣喘吁吁的上了山，他找到無際大師說：「大師，我內心感到非常的孤單，非常的寂寞，我不知道什麼原因總是會被傷害，我現在感覺自己的生活沒有一點樂趣，我已經無望了，我請您幫我解脫。」

無際大師聽完之後微微一笑說道：「請問施主，你的包袱裡面裝的是什麼呢？」

年輕人一臉痛苦的表情，回答道：「包袱裡面裝著的就是我每一次感到孤獨時的煩惱、遭受失敗的痛苦，還有每一次受傷後的眼淚和委屈，就是因為他們，我才會對生活感到這麼的絕望。」

當時無際大師什麼也沒有說，站起身來，示意年輕人跟著他走。沒一會兒，無際大師就帶著年

輕人來到了湖邊，然後就坐船到了湖的對面。

等到上岸以後，無際大師對年輕人說道：「施主，請你扛著船上路吧。」

年輕人這個時候感到非常的疑惑，問道：「大師，您不是在這裡開玩笑吧，船這麼重，我怎麼能夠扛得動呢？」

這個時候無際大師看著年輕人充滿懷疑的眼神，笑著說道：「沒錯，施主，你是扛不動它的。這條船在我們過河的時候對於我們來說是非常重要，但是當我們過了河，我們就應該丟下船趕路，否則這條船就成了我們的負擔。同樣的道理，孤單和寂寞，以及痛苦和眼淚，有的時候可以讓我們的生命變得更加豐富多彩，但是如果我們老是糾纏著一些不快樂，把自己束縛在不快樂的環境裡，它們反而就會成為我們生活的負擔了。」

當聽完無際大師的話以後，年輕人低下頭開始思考起來。

這個時候無際大師接著說道：「施主，放下吧，我們的生命是承受不起那麼重的分量的。」

於是這個年輕人就聽了無際禪師的話，放下了自己身上的包袱。

於是他們開始繼續往前趕路，這個時候，年輕人明顯感覺到輕鬆了許多，而且他終於體會到，當我們放下一些煩惱和委屈，我們的人生居然是這麼的美麗和幸福。

☆ **心靈窗** ☆

生活中，我們不要給自己太大的壓力，很多不愉快要及時放下、學會忘記。只有這樣，我們才能去接受新鮮的東西，才能夠健康而快樂的生活，也才會真正感受到生活的美好。

如果我們將所有的過往都緊緊的抓住不放，人生的口袋只會越來越重，前進的雙腳將會更加難以移動，如果我們能夠將口袋中的過往全部丟掉，那麼人生之路一定會走得越來越順暢。

## 心態好，身體才能健康

**☆智慧語☆**

得不到的東西，我們會一直以為他是美好的，那是因為你對他了解太少，沒有時間與他相處在一起。當有一天，你深入了解後，你會發現原不是你想像中的那麼美好。——尚空禪師

**☆藏經閣☆**

曾經有一位中年婦女，她的脾氣非常古怪，經常會為一些雞毛蒜皮的小事大發脾氣。當然，這位中年婦女也知道自己的脾氣不好，但是就是在有的時候很難控制住自己。

有一位朋友對她說：「在這附近有一位高僧，你為什麼不去找他說一說自己的心事呢，也許他能夠為你指點迷津。」於是這位中年婦女就抱著試一試的態度找到了這位高僧。

她找到高僧以後，向他訴說了自己的心事，而且言語態度是非常的誠懇，這位婦女非常希望能夠從高僧那裡得到一些啟示。

當時高僧一言不發的聽她說完了自己的心事以後，就把她領到了一座禪房中，然後從外面把門鎖上，就離開了。

這位婦女本來是打算從高僧那裡聽到一些有利於開導自己的話的，可是沒有想到一句開導的話沒有聽到，反而還被高僧關到了這間又冷又黑的禪房裡。她當時氣得直跺腳，但是無論她怎麼罵，高僧就是不理她。最後這位婦女實在受不了了，就開始向高僧哀求，但是高僧還是無動於衷，任由這位婦女在禪房裡說個不停。

就這樣過了很長時間，房間裡面終於沒有聲音了，這個時候高僧就在門外，於是問道：「你還生氣嗎？」

婦女回答說：「我現在只是在生我自己的氣，我怎麼那麼容易就相信了別人的話，到你這裡來。」

高僧聽完後，對她說：「你連自己都不願意原諒，又怎麼會去原諒別人呢？」說完之後就走了。

又過了一會兒，高僧回來問道：「你還生氣嗎？」

婦女說：「我不生氣了，我生氣有什麼用啊？反正我現在只能被你關在這又冷又黑的禪房裡。」

高僧說：「你這樣是最可怕的，因為你把氣都壓在了一起，一旦爆發出來，你肯定會比第一次更加的強烈。」說完又轉身走了。

等到第三次高僧再來問她的時候，這位婦女說：「我不生氣了，因為你已經不值得我為你生氣了。」

高僧聽後又說：「因為你生氣的根還在，你還是沒有從生氣的漩渦中走出來。」

結果就這樣過了很長時間，這位婦女主動問高僧道：「高僧，你能告訴我氣到底是什麼嗎？」

但是高僧卻沒有說話，而是看似無意的把手中的茶水倒在了地上。這個時候這位婦女終於明白了，原來自己不生氣的話，哪還來的氣啊？一個人心地透明，了無一物，怎麼會有氣呢？

☆**心靈窗**☆

氣從心生，一個人脾氣太盛不僅容易失控，而且也會傷及到自己的身體。所以，我們遇到任何事情都應該想得開，能夠心地透明的看待事情，這樣才能消除我們的怒氣，獲得心裡的一份恬靜與快樂。

## 為人處世離不開平和心態

☆**智慧語**☆

心靈像花園，如果不澆灌、不培植，就塞滿垃圾和雜草。——無德禪師

☆**藏經閣**☆

無德禪師經常到四方雲遊，到處去參禪學道。

有一天，無德禪師來到了一個小山村，當時由於天氣非常炎熱，他感覺自己是又累又渴，於是就決定停下來先休息一會兒。這個時候無德禪師剛好看見河邊有一個村民正在用水車打水，無德禪師就走上前去向村民討要一碗水喝。

村民這個時候一本正經的說道：「大師，如果有一天我看破了紅塵，我也會像您一樣出家參禪的，但是我出家以後，絕對不會到處去雲遊，過這樣居無定所的生活。我自己肯定會找一個地方隱

居起來，專心的參禪修道，這輩子都不會再拋頭露面了。」

無德禪師聽完村民的話說道：「那你覺得自己什麼時候才能夠看破紅塵呢？」

村民笑著說道：「在我們這一片地區，只有我最了解這水車的性能，而全村的人都要靠這水車來提供飲水，如果現在能夠找一個人來接替我的位置，那麼我就可以無牽無掛的出家參禪了。」

無德禪師說道：「既然你最了解水車，那麼如果水車全都泡在了水裡，或者是完完全全的離開了水面，那又會怎麼樣呢？」

村民回答說：「如果把水車放在水中，它是靠下半部被水流衝擊而轉動的原理運作的，如果我們把水車全部泡在水裡的話，那麼它不僅無法轉動，甚至還有被水流沖走、沖壞的危險。同樣的道理，如果把水車完完全全的離開水面，那麼水車自然是不可能運轉的，更別說抽出水來了。」

無德禪師聽完村民的回答之後，開示他說：「其實水車與水流的關係就能夠說明人與塵世的關係。如果一個人完全入世，一輩子都縱身江湖的話，那麼難免會被塵世間的各種「洪水」所沖走。可是如果一個人超然出世的話，那麼他也必將失去了人生強大的動力。同樣的道理，作為一個參禪修道之人，當然也要出入得宜，既不能夠冷眼旁觀，更不能隨波逐流，所以，出家人既要看破紅塵，又要想辦法來普度眾生。

☆ **心靈窗** ☆

出世與入世兩者本來就是對立統一的，出世的目的就是為了更好的入世。我們想在世間活得輕鬆自如，就既不能隨波逐流，也不能消極避世。這才是一個人的正確而理性的處世態度和為人準則。

## 不要忘記「洗滌」自己，淨化自己的心靈

☆**智慧語**☆

你就像這隻杯子一樣，裡面裝滿了你自己的看法和想法。你不先把你自己的杯子空掉，叫我如何對你說禪？——南隱禪師

☆**藏經閣**☆

有一個老和尚到了垂暮之年，想把自己的衣缽傳給弟子。在他的眾多弟子當中，有三個人的悟禪都非常的高深，於是老和尚就為難起來，不知道該把衣缽傳給誰。

在一個傍晚，老和尚感覺到自己的生命馬上就要終止了，也就是該確定他繼承人的時候了。於是他叫來了三個弟子，吩咐他們出去各買一樣東西，看誰買的東西又便宜，又能夠把整個禪房都裝滿。

老和尚給了弟子們一人一枚銅錢，之後他的兩個弟子就非常著急的出去了，而只有一個弟子卻端坐在老和尚的身邊打禪，沒有任何行動。

沒過多長時間，第一個弟子回來了，他告訴老和尚，他已經買了好幾車的乾草，足夠可以填滿整個禪房了，當時老和尚聽了之後搖了搖頭，感到非常的失望。

又接著，第二個弟子也回來了。只見他從自己的衣服口袋裡拿出一根蠟燭，完了之後就把蠟燭點上了，老和尚看到這種情景，口中唸道「阿彌陀佛」，臉上也露出了非常滿意的笑容。

接下來，老和尚又把自己的目光放在了最後一個弟子的身上。只見那位弟子起身，把銅錢還給

了老和尚，雙手合十的說道：「師父您請看，我買的東西已經來了。」

這個時候老和尚和其他的弟子都朝外面望去，只見在東邊的半天邊上，有一輪滿月剎那間就從地平線上躍了起來，然後開始冉冉升起。金色的月光一下子就照進了禪房裡，把禪房照射的是一片通明。

老和尚當時驚訝的說不出話來，過了許久他才問第三位弟子：「你是怎麼想到這辦法的？」

這位弟子聽見師父在問自己，於是雙掌合起，十分尊敬的回答道：「乾草固然能夠把禪房裝滿而來，但是卻不能使禪房乾淨明亮，而且這種做法實在是一種平庸的辦法。蠟燭雖然小的就和手指頭差不多，但是當我們點燃蠟燭的時候卻能夠讓光照亮禪房，買蠟燭的弟子也算得上是有智慧的人。」

過了一會兒，第三個弟子沉吟片刻，表情十分嚴肅的說道：「月光既出，玉宇澄清，月光可以說是九天之中最有價值的東西，月光是什麼？俗話說，『月明則天明，天明則地明，天明地明則心明。』然而佛明四宇，佛明我心，可見月光乃我佛也！今天我不取一分錢得到我佛，只是因為在我們自己的心中有佛光。」

當老和尚聽完小和尚這番話以後，立刻脫下了自己的袈裟，披在了小和尚的身上。

☆ **心靈窗** ☆

只要我們內心充滿了快樂，那麼我們的生活就會快樂。讓生活快樂的最好辦法就是讓我們每個人的心中都保持著一份快樂。時常淨化自己的心靈，給自己的心靈洗一個澡，洗掉心靈上的髒污，從而擁有一個健康的心靈。

## 時刻保持一份淡然的心境

**☆ 智慧語 ☆**

放下名利心，心境自然寬廣。——佛陀

**☆ 藏經閣 ☆**

有一位婆羅門的教徒特地去拜訪佛陀，在非常恭敬的頂禮膜拜之後，他提出了自己心中的疑惑：「尊敬的佛陀，我不是您的弟子，但是我很尊敬、仰慕您，雖然我學習了十幾年的知識，但是我的心裡還是有一個結，就是我覺得人生總是處在矛盾之中的。我心中的這個疑問您否請您給我指點一些迷津呢？」

佛陀聽後非常慈祥的說道：「你有什麼問題儘管提出來好了，眾生都是平等的，真理更是共通的，你能夠這麼好學，我感到非常的高興。」

緊接著，佛陀並沒有從正面來回答教徒的問題，而是指著一盆水，說道：「你看看這盆水，如果你把一些染色的材料放進去，比如說紅的、綠的、藍的等等，等水染色之後，你能夠從水裡面映照出自己的臉嗎？」

婆羅門教徒說道：「當然是不可能的了，因為水既然已經染成了顏色，那麼怎麼還能夠看到自己的臉呢？」

佛陀又說到：「如果把這盆水放在火爐上面加熱，那麼沸騰的時候，水還是會翻滾的，而且水汽也會一直往上冒，你能夠看到自己的臉嗎？」

婆羅門教徒說道：「那這樣是更不可能的了，沸騰的水在滾動，而且還有一直冒出來的水汽，我怎麼能夠看到自己的臉呢？」

佛陀這個時候接著說：「再比如是池中的水，雖然是靜止的，但是裡面如果有許多的青苔浮物，你再探頭看看，你能看出自己的臉嗎？」

婆羅門教徒回答道：「這也是不可能的啊。雖然池水是很乾淨的，但是上面有太多的雜物了，我們都看不清池底，怎麼還能看到自己的臉呢？」

佛陀等到這個時候才說道：「對的，道理是一樣的，清淨靜止的水就好像是一面鏡子，可以將人的臉型、五官都照應的清清楚楚，而且旁邊的景物也會倒映在水中，因為湖水非常乾淨，而且是很清澈的。

所以，我們的人心也應該這樣，當心中沒有什麼想法，沒有煩惱的時候，我們的清淨自性就會出現；為此，你所見到的，你所分析的是都是對的。所以，『從心出口』所講的道理還是非常正確的。而且還也覺得自己辯才無礙；但是當心中有欲念和煩惱的時候，就好像是在水中加了色料，也就有了想染色這種欲望和煩惱的出現，當然我們就看不到本來面目了。又或者是心中看起來非常平靜，但是煩惱的根本還是存在的，就好像是被池中的雜物給遮蓋住了，當然這樣我們也是看不清外境的。」

佛陀接著說：「一點點的煩惱，就好像無明火一樣，當『色』燃燒起來的時候，『水』也就會沸騰起來的，這麼一來又怎麼能夠看清自己本來的面目呢？」

聽完佛陀的開示，婆羅門教徒終於明白了，要想讓自己內心明朗，那麼最重要的就是心念靜止、去除雜念，而欲念就好像是混濁的色彩，煩惱就好像是火。所以，應該洗滌無明、遠離煩惱，才能讓我們的清淨智慧展現出來。

☆**心靈窗**☆

「心靜」就是說不管待人還是接物，都能夠有一種自然而平和的心態。我們經常聽到「心靜自然涼」，其實這句話的意思就是說心裡平靜了，內心就涼快了。當我們遇到挫折、困難的時候，要心態平和，以一顆平常心去處理所面臨的問題。

綜觀現在人們的生活，更多人只是在日夜不息的忙碌著，殊不知，人生真正的美好，是需要超脫於忙碌之外的，它就是「心靜自然涼」。

## 生活之道，擁有一顆平常心

☆**智慧語**☆

修行如彈琴，弦太緊會斷，弦太鬆彈不出聲音，中道平常心才是悟道之本。——星雲大師

☆**藏經閣**☆

有一年的夏天，仰山禪師離開了自己的老師溈山禪師下山去了，等到這個夏天過完的時候，仰山禪師又重新回到山上來問候溈山禪師。

溈山禪師看見仰山禪師還記得回來看望自己非常高興，關切的問自己的弟子：「你這個夏天過得怎麼樣？還好吧，都做了些什麼？」

仰山禪師非常興奮的說道：「報告老師，我這個夏季過得非常愉快，我自己在下山開墾了一塊田地，已經播撒了種子，就等著收穫果實了。」

溈山禪師聽完弟子的話之後，非常滿意的點了點頭，說道：「很好啊，仰山，看來你這個夏天沒有白過。」

於是仰山禪師也問道：「老師，您這個夏天是怎麼度過的呢？」

溈山禪師笑著回答說：「我這個夏天可是什麼都沒有做啊，每天就是按時吃飯、準時睡覺。」

當仰山禪師聽完老師的回答之後，也是笑著說：「老師，您的這個夏天也和我一樣，沒有白過啊。」

溈山禪師聽話哈哈笑了起來。

就在兩個人談笑之間，有幾個學僧聽說了溈山禪師的大名，不遠千里趕來請教。

第一個學僧說道：「弟子剛剛進入禪門，還望溈山大師多多指教。」

只見溈山禪師並沒有回答，反而問道：「你們這麼遠趕過來，我們寺廟給你們準備的粥是否吃了？」

學僧回答說：「多謝禪師的關心，我們已經吃完了。」

於是溈山禪師對第一個學僧說道：「很好，那你就去洗碗吧。」

這個時候第二個學僧走上前去說道：「久聞溈山禪師的大名，請您多多指教。」

溈山禪師問道：「你來這裡有多長時間了？」

學僧回答說：「我今天剛到。」

溈山禪師說道：「我們寺廟裡面給你準備的茶喝了嗎？」

學僧回答說：「多謝禪師，弟子已經喝過茶了。」

溈山禪師說道：「那很好，你就去客堂報到吧！」

眼睛溈山禪師就這樣把兩個遠道而來的學僧給打發走了，仰山禪師非常不解的問道：「老師，弟子在這裡已經待了有十多年了，可是都沒有等到您對我的指導。照現在的情況看，大概一輩子也等不到了，我還是下山去耕種我的那塊田地吧。」

溈山禪師聽完仰山禪師的話非常吃驚，說道：「你怎麼會覺得我沒有教導你呢？你每天遞進茶水給我喝；每天端飯給我吃；你合掌禮拜，我低眉領受。我哪一處沒有教導你呢？」

這個時候仰山禪師恍然大悟：原來老師每天都在教導我啊。

記得當時仰山禪師第一次見到溈山禪師的時候就問道：「什麼是道？」

溈山禪師說道：「平常心是道。」

☆**心靈窗**☆

在平常的生活中，時時處處都顯著大道。其實最平常的生活，卻蘊含著純真的意趣。能夠有一顆平常心，獲得一份內心的安靜，這就是禪心。

我們只要活得自在就能夠入佛入禪，但是如果我們對什麼事情都是斤斤計較、牽腸掛肚，那麼到頭來只會墮落到人世的苦難中。

## 生活雖有時不公，但是美好的

☆**智慧語**☆

一碗渾濁的水，一直搖它，水便總是渾濁，把它放到器皿裡不動，沙塵便能沉底，可見清心是沉五欲之沙、驅煩惱的初步功夫。——佛陀

☆**藏經閣**☆

有一次，佛陀外出，見到有一個農夫坐在路邊的石頭上，看起來農夫好像是遇到了什麼不好的事情，滿臉的垂頭喪氣。佛陀這個時候就過去問他：「你為什麼要這麼疲憊呢？」

「唉，現在我真是煩透了。我養的一頭母牛剛剛生了一頭小牛，可是沒有幾天，母牛帶著小牛去吃草，結果小牛就走失了，這下子母牛也不吃草了，這都已經好幾天了。可是我已經找了小牛好幾天，到現在也沒有任何消息。」農夫非常著急，又有點無可奈何對著佛陀說出心中的煩心事。

佛陀這個時候勸解農夫說：「你其實用不著為此感到煩惱。」

農夫聽了佛陀的話之後，感覺佛陀好像一點也不理解自己，於是很不高興的說：「你又不是我，我是一個出家人，心裡沒有任何掛念，你又怎麼能夠理解我的煩惱呢？」

生活雖有時不公，但是美好的

「那麼這麼說來，你的心裡掛念很多的東西了？」佛陀問道。

「那自然了，我們世人，誰又沒有什麼牽掛呢？就拿我來說吧，我的家裡有四個孩子，兩個女兒，一個老婆，加起來全家將近十口人了，有的時候莊稼收成不太好，連飯可能都吃不上。」

佛陀聽完之後點了點頭，接著說：「我能夠理解你的心情，聽起來你確實有很多的煩惱。可是，你所煩惱的不過就是一頭牛、一片天地、一個家庭而已啊。可是你不知道，我所煩惱的是普天之下的大家庭，而我所耕作的也是普天之下的眾生的心靈；我的煩惱就是要考慮如何才能讓普天之下的蒼生能夠平安。你說，是你煩惱大，還是我的煩惱大呢？」

當農夫聽完了佛陀的這一番話之後，不禁對佛陀肅然起敬，說道：「是的，您說的沒錯，比起您的負擔來，我的那些煩惱的確算不了什麼。」

佛陀接著說道：「雖然我的煩惱很大，但是我的煩惱有與沒有是一樣的，因為我能夠容納於天下，天下也能夠讓把我容納了。可是在你的煩惱中，「有」和「無」是截然不同的，因為你太過於注意「有」了，太煩惱於「無」，所以，你才會感覺如此的苦惱。」

當農夫聽完佛陀的話以後，農夫頓時有些開悟了，而且立刻就覺得自己的心境明朗了起來，於是非常爽快的告別佛陀回家去了。

☆**心靈窗**☆

實際上，世間所有的事情，本來都是沒有苦與樂的分別，你失意的時候可能是苦，失意過後仍對未來抱有希望就是樂；剛面臨事情的時候是苦，可是當事情過後，你再回想的時候就不會覺得苦了，甚至還會感到樂。

人生的苦與樂就好像是硬幣的正反面，一面是苦，另一面是樂。很多時候，苦與樂常常只在人心的一瞬間，如果我們能換一個角度來看，換一種思維思考，那麼苦就是樂了。

## 放平心態，善待生活

### ☆智慧語☆

事皆有緣，人生當隨緣。隨不是跟隨，是順其自然，不怨憂，不躁進，不強求。隨不是隨便，是把握機緣，不悲觀，不刻板，不慌亂。——老禪師

### ☆藏經閣☆

有一個年輕人內心十分的苦惱，於是他來到了禪師面前，開始對禪師訴說自己是多麼的難受，不能夠被別人理解，活得有多麼的累。這位年輕人希望禪師能夠告訴自己，以後的人生之路該何去何從，是不是還要再聽信別人的意見，改變自己的性格。

當禪師聽完這個年輕人的抱怨之後，並沒有立刻告訴他答案，而是為他講了一個小故事。

在從前，有一個女人在年紀輕輕的時候就失去了自己的丈夫，從此之後，她就帶著自己的四個孩子，每天為了生計辛苦的工作著。她非常的勤勞，天天都是不辭辛勞的，從早晨一直忙到晚上，而也只有這樣，她才能勉強維持家庭生計。可是即使這樣，村裡也很少有人喜歡和她來往。

她有一個鄰居，是一個長期臥床不起，無依無靠的老人。於是這個善良的女人一直無怨無悔細心的照顧著這位孤寡老人，即使她再忙，她也從來不會忘記給老人做飯。就這樣過了很長時間。

在此期間，很多人都不能理解她的行為，於是緊接著流言蜚語就開始流傳開來，但是這個女人並沒有在意。最終，這位老人在她的照顧下，非常安詳的離開了人世。

可是沒有想到的是，這位老人雖然一生都過著非常節儉的生活，但是在他的手中卻有一筆非常可觀的存款。這位老人知道這個女人非常不容易，而且也非常感激她這麼長時間對自己的悉心照顧，於是就在自己臨終前寫了一份遺書，將自己的所有財產都留給了這個女人。

從此以後，這個女人的生活一下子就發生了重大變化，但是她卻依然按照自己的人生準則幫助別人。但是現在不同的是，村莊裡再也沒有人嘲笑和排斥她了，而且大家都是對她充滿了萬分的崇敬。

當這個年輕人聽完禪師給他講的故事以後，內心感到無比的舒暢，於是他謝過禪師，非常愉快的下山去了。

☆**心靈窗**☆

其實善待生活，善待別人，能夠按照自己的生活準則來過好每一天，就一定會得到生活豐厚的回報。只有當我們安定自己的心態，善待生活，我們才能生活得快樂。

在現實生活中，很多人只知道隨波逐流，但是卻常常忽視了自己的存在，從而也失去了真實的自己。每個人是不同的，所以真我也是不一樣的，我們千萬不要看輕了自己，一定要安定心態，善待生活。

## 不要成天為了小事情而煩惱

☆ **智慧語** ☆

如果你能天天吶喊兩百零一遍「我用不著為這一點小事而煩惱」，你會發現，你心裡有一種不可思議的力氣，試試看，很管用的。——無際禪師

☆ **藏經閣** ☆

在一個大山深處的寺廟裡面，有一個小和尚，他每天的主要工作就是負責早晨清掃寺院裡面的落葉，但是小和尚對於這個差事，已經很厭煩了，總想去做點別的事情。

等到秋季來臨，落葉變得更多了，這就讓小和尚感到非常的頭疼，於是他就去向寺廟裡的師兄們請教，希望大家能幫助自己早日擺脫這種厭煩的情緒，讓自己每天可以輕鬆起來。

這件事情最後傳到了住持的耳朵裡，當住持知道了他的煩惱以後，就主動找到小和尚，與他談心。小和尚當然也很坦誠的向住持說出了自己心中的委屈。

住持對小和尚說道：「明天在你開始打掃落葉之前先用力搖一搖樹，把落葉都全部搖下來，這樣的話你明天把落葉掃完了，後天就不用再掃落葉了。」

當小和尚聽完住持的建議之後非常的高興，第二天一大早，他就開始主動去搖晃寺院裡面的樹，一直把所有樹上面的落葉搖的再也不會落下來一片為止，然後小和尚就開始用掃帚仔仔細細的打掃了一遍。

這一天可以說是小和尚最開心的一天了，到了晚上，小和尚心想：明天肯定不會這麼累了，再也不會有落葉了，於是小和尚高興的睡著了。

可是第二天，當小和尚起來之後走到院子一看，傻眼了：昨天的工夫全都白費了，院子裡面還是和以前一樣，滿地都是落葉。

這個時候，住持笑呵呵的向他走來，語重心長的說道：「傻孩子，你知道我昨天為什麼給你出這個主意嗎？就是因為我希望你能夠明白：無論你今天是多麼的努力，明天還會有落葉飄下來的。」

當小和尚聽完住持的話以後，立刻就明白了。

☆ **心靈窗** ☆

在現實的生活中，我們也有小和尚這樣的困惑，想著把所有的事情都做得很完美，能夠把自己所有的煩惱都化解掉，可是實際上，很多事情是不可能提前完成的，如果一個人過早的為將來而擔憂，可是說是於事無補。

新的一天總會遇到新的問題，不要試圖去透支明天的幸福，只有踏踏實實的做好今天的事情才會留住本來該屬於你的那一份快樂。

## 以閒適心態來面對生活

☆ **智慧語** ☆

「真如他說的那樣，你不探尋自己的心，你不清靜自己的心有誰能使你清靜呢？」——六祖惠能

☆ **藏經閣** ☆

從前有一位生意人，他滿臉愁容的來到智慧老人的面前，請求智慧老人的幫助。

他對智慧老人說：「智慧老人，我需要你的說明，雖然我現在非常有錢，但是在我的生活中，人人都對我冷眼相待，對我是非常的冷漠，我的生活簡直就是一場爾虞我詐的廝殺。」

智慧老人聽完他的話後說道：「那還不簡單嗎，那你就不要再去廝殺了，讓它停止好了。」

生意人聽完了智慧老人的告誡之後，內心感到一絲的無奈，他不知道智慧老人這句話能夠幫助他什麼，於是他就帶著失望的心情離開了智慧老人。

在接下來的幾個月時間裡，生意人的情緒變得非常糟糕，他開始看誰都不順眼，與身邊的每一個人爭吵，所以為此得罪了更多的人。就這樣又過了一年的時間，生意人的身體狀況也開始下降，他感到心力交瘁，再也沒有力氣與別人爭吵了。

於是，他又來到智慧老人面前，對老人說道：「唉，智慧老人，現在我再也不想跟別人勾心鬥角了，可是我的生活依舊是如此的沉重，就好像是一副重擔壓在我的肩頭讓我直不起腰來。」

智慧老人聽完生意人的話後又非常輕鬆的說道：「那你就把這副重擔卸下呀。」

生意人沒想到智慧老人會這樣回答他，於是非常氣憤的離老人而去。結果在一年之後的生活中，生意人又遇到了各種各樣的挫折，而且最後自己的所有財富都沒有了。生意人的妻子也帶著孩子離他而去，生意人現在變得一貧如洗，孤立無援，於是他再一次想到了智慧老人，並來到老人身邊向他請教。

「智慧老人，我現在已經是一貧如洗了，什麼都沒有了，妻子也帶著兒子離開了我，可是我感覺生活還是那麼悲傷。」生意人說道。

「那就不要悲傷了。」智慧老人再一次以輕鬆的語氣回答道。其實這一次生意人已經預料到了智慧老人會這樣回答，所以他這一次沒有失望，更沒有氣憤，而是決定待在智慧老人居住的那個山上。

結果有一天，生意人突然想到了自己走過人生坎坷路，悲從心來，嚎啕大哭起來。生意人哭了幾天，幾個星期，幾個月，最後他的眼淚都哭乾了。可是當他把頭抬起來的時候，看見陽光正在火熱的照耀著大地，於是生意人再一次來到了智慧老人身邊。

生意人問道：「生活到底是什麼呢？」

這時候智慧老人抬頭看了看天空，微笑著說道：「一覺醒來又是新的一天，你難道沒有發現那每天都會升起來的太陽嗎？」

☆**心靈窗**☆

是呀，每一天的太陽都是新的，每一天也都是嶄新的，為什麼我們不給自己一個嶄新的心情，用樂觀、閒適的心態來對待生活呢？

雖然有時候生活不一定是悠閒的，它可能是忙碌的，甚至會讓我們感到勞累不堪。可是，我們可以通過調整自己，用閒適的心態來面對每一天，每一件事情。

## 順其自然是最好的心態

**☆智慧語☆**

人活在世上，諸事無常，一切順乎自然，很多事不能以我們個人的意志為轉移。現代有些愚者的很浮躁，總想改變一切，但真正的智者卻能順其自然。——無緣禪師

**☆藏經閣☆**

在一個寺院裡，地面上的草地已經枯萎了一大片，失去了生機，看上去很不好看。有一個小和尚實在是看不過去了，於是就對自己的師父說：「師父，快在地面上撒點種子吧。」師父說：「不要著急，隨時都可以撒的。」

於是師父去給小和尚找種子去了，找到種子後對小和尚說：「給你種子，你去種吧。」可是沒有想到，就在這個時候一陣風吹起，結果種子是撒下去不少，但是被風吹跑的也不少。這個時候小和尚著急的對師父說道：「師父，你快看，現在好多種子都被風吹跑了，我們該怎麼辦啊？」師父說道：「沒有關係的，這些被吹走的種子都是空的，即使撒下去也不會發芽的，我們就隨它去吧。」

過了一會兒，剛撒完的種子，就被飛來的幾隻小鳥，在地上一陣的刨食給吃掉了。這個時候小

和尚又著急著趕緊去把小鳥趕走，然後又對師父說：「師父這次不好了，我們辛辛苦苦撒下的種子都被小鳥兒給吃了。」這時只見師父笑著說：「你著急什麼啊，我們的種子還多著呢，它們是不可能吃完的，隨它們吧。」

到了半夜，天公不作美，又來了一陣狂風暴雨。小和尚怎麼也睡不著了，於是他來到師父的房間，帶著哭腔對師父說：「師父，這下子全完了，種子肯定都已經被雨水沖走了。」可是沒想到，師父聽了小和尚的話後說道：「沖走就沖走吧，沖到哪裡種子都會發芽的，隨它們去吧。」

幾天過後，小和尚驚喜的發現往日那些光禿禿的土地上長出了很多的綠芽，甚至連當時沒有撒到種子的地方也有小綠苗探出了頭。於是小和尚高興的對師父喊道：「師父，你快來看啊，我們的種子都長出來了。」可是師父卻非常平靜的說道：「應該是這樣的，隨緣吧。」

**☆心靈窗☆**

一個人能否成功，能否活得快樂，其實最主要的是看他是否能夠做到順其自然。人生在世，寒來暑往，我們最好的對策就是「順其自然」。隨時、隨性、隨遇、隨緣、隨喜，又何來煩惱與痛苦？

## 一時怒火，會毀掉你的全部生活

**☆智慧語☆**

貪淫致老，瞋恚致病，愚癡致死，除三得道。——《法句經》（釋義：貪婪淫亂使人衰老，憤怒使人患病，癡迷會奪去生命，消除三毒能得佛法真諦。）

☆ **藏經閣** ☆

有一天，有一個叫林才的禪宗大師正在屋子裡面打坐，突然，一個人很莽撞的跑了進來，他不僅用力把門撞開，而且還是非常用力的又關上了門。由於這個人太著急了，他居然把自己的一隻鞋子給丟了。這個時候只聽林才禪師緩緩的說道：「你先不要進來，因為你還沒有得到自己的鞋子和門檻的原諒。」

當這個人聽完林才禪師的話以後，非常的氣憤，大聲吼道：「老和尚，你到底在胡說些什麼啊？我早就聽說寺廟裡的禪師各個都不太正常，我看這話說的還真沒錯。你居然還說我沒有得到自己的鞋子和門檻的原諒，真是太荒唐了。」

當林才禪師聽完這個人牢騷之言以後說道：「施主，請你現在就到外面去，我這輩子都不想再見到你了。沒有想到你居然會這麼惡毒的對待自己的鞋子和門檻，那麼你為什麼不去請求它們來寬恕你呢？在你對我發火的時候，你就沒有想到自己是多麼的愚蠢嗎？你為什麼把自己的怒火和鞋子連結起來了呢？為什麼你不能把鞋子和愛連結起來呢？

你難道不知道憤怒也是一種關係嗎？當你滿懷怒火的時候，把門關上，這個時候你就和門產生了關係。你看看你自己所做的，那麼用力把門關上，你這樣的行為就是錯誤的，更是不道德的，那扇門並沒有招惹你，你為什麼要對它發火呢？你出去吧，如果你不道歉的話，就永遠都不要進來了。」

這個人被林才禪師訓了一頓之後，才明白了其中蘊含著的深刻道理：一個人既然能夠發火，那麼他也能夠去愛，既然這樣，我為什麼不試著去愛呢？

這個人出去之後，望著剛才被他狠狠摔過的那扇門，頓時淚如泉湧，不能自已。接著他又向自己的鞋子鞠了鞠躬，當他再一次來到林才禪師面前的時候，林才禪師張開了雙臂擁抱了他。

☆**心靈窗**☆

在生活中，不管是對人還是對物，我們都不要動不動就發脾氣。因為憤怒是非常容易被傳染的，更會加劇別人的憤怒。但是同樣的道理，當你為別人送去的是關懷和慈悲的時候，那麼你同樣也會得到別人的關心和尊重。

## 給自己一架心靈的滑翔傘

☆**智慧語**☆

我不是讓你放下花瓶，而是放下一切煩惱執著。——世尊法師

☆**藏經閣**☆

雲門禪師是陝西人，在他三十六歲那年透過一位高僧的介紹去參拜一位德高望重的老禪師——雪峰禪師。

雪峰禪師住在華山上，這一天，雲門禪師來到了華山的山下，並沒有直接上山，而是坐在一塊大石頭上好像在等著什麼。

就這樣等了很長時間，終於來了一個挑著水準備上山的小和尚，雲門禪師便走上前去詢問小和尚道：「這位小和尚，你是不是要上山去呢？」小和尚回答到：「是的，我下山來挑水的，現在水挑滿了，準備回到寺廟裡。」

接著雲門禪師對小和尚說：「那請你幫我帶幾句話給雪峰禪師吧，不過你一定要記住，千萬不能說是我讓你說的。」小和尚點頭答應了。於是雲門禪師接著說：「等你回到寺廟以後，第二天早晨等大家集合完畢，在雪峰禪師給你們講法的時候，你便站出來，跑到他的面前對他說：『你這個可憐的傢伙，你怎麼不拿掉你脖子上的鐵枷呢？』」

第二天等到雪峰禪師剛準備開始講法的時候，小和尚突然就說出了雲門禪師教給他的那些話。雪峰禪師一聽就愣住了，他知道這個小和尚沒有這麼高的悟性，是不可能講出這樣的話來的。於是雪峰禪師便跑到小和尚的跟前，抓住小和尚的衣領問道：「你快告訴我，這話是誰告訴你的？」

小和尚一邊掙扎一邊解釋，就是不肯承認這句話是雲門禪師告訴他的。雪峰禪師見狀，於是來了狠招，他叫其他和尚拿來繩子，把小和尚捆住，當時小和尚一看師父真的生氣了，嚇的渾身哆嗦，只好一五一十的對雪峰禪師說道：「這是山底下的一個和尚教我說的，他還不讓我告訴你這是他說的。」雪峰禪師聽了小和尚的話以後，對大家說道：「你們真正的老師來了，趕快下山去迎接。」於是眾僧就一起打開寺廟大門下山去迎接雲門禪師了。

等眾僧把雲門禪師迎接到寺廟裡的時候，雪峰禪師一看見他便說：「你怎麼會來到這裡呢？」雲門禪師低頭不語，意思就是說他別無所求。

從雲門禪師進入雪峰禪師的寺廟以後，他們兩個人便心心相印，默契配合。每天雲門禪師與雪峰禪師切磋禪道，交互講法，兩個人最後都在禪法上獲得了極大的提高。

☆**心靈窗**☆

我們能看得見的枷鎖並不可怕，也不難去掉，關鍵是心靈上的枷鎖。有形的枷鎖沒有多少人戴，但是又有多少人在忍受著心靈上無形的枷鎖呢？去掉它吧，放開心情，順其自然，你就會感到無比輕鬆。

## 在從容自然中，走向成功幸福

☆**智慧語**☆

放下——擁有更多快樂和從容的時刻。——老住持

☆**藏經閣**☆

種田正一原來是日本大正、昭和時代的自由律俳句詩人，在他還是孩子的時候就親眼目睹了自己母親自殺的情景，從此以後，在種田正一的心裡留下了很深的陰影。

但是更加不幸的是，到了後來，種田正一的弟弟和他最要好的朋友都先後自殺而亡，所以他的精神已經到了苦悶的極點了，再加上後來他生活非常的貧困，所以也產生了想要輕生的念頭。

從那以後，種田正一想盡了各種辦法自殺，比如：服毒、臥軌、跳海等等，但是最後都沒有成功。

於是他在一次臥軌自殺沒有成功之後，很沮喪的來到了報恩寺。當種田正一見到住持以後，他開始向住持講述自己的人生經歷，而且還總是在抱怨：「生活對我來說真的是太不公平了，我想死都不行，可是我活著又有什麼意義呢，住持您收留我吧！」

住持說道：「既然你死不了，就證明是我佛慈悲在拯救你啊。」

種田正一接著說道：「既然是這樣的話，你有什麼辦法幫助我嗎？要不你教我坐禪吧，或許我能夠從裡面得到解脫。」

住持聽完後回答說：「即使坐禪也是沒有用的。」

種田正一卻問道：「住持，那你們為什麼還要坐禪呢？」

住持回答說：「就是因為沒有用，所以我們才要坐啊！」

當種田正一聽完住持的話以後，開始陷入沉思中，從此之後他再也不曾產生過自殺的念頭，而且還創作出了下面這首著名的自由律詩，成為了一位小有名氣的詩人。

「躺在也許就此死掉的土上。禪聲，是否在找死所。在生、亡之間的雪下個不停。一直走，走到倒下去為止的路邊草。老是不死，所以剪指甲。能安靜的死的樣子，草也枯了。愈鳴愈短的蟲之命。」

☆ **心靈窗** ☆

在我們的生活中，會品嘗到酸甜苦辣鹹，但是它們都各有各的意義，所以我們更應該坦然接受。而人活著不是為了用處，而是為了生存。每個人的價值，都是無限的。只要堅持自己的崇高的價值，接納自己，鍛鍊自己，讓自己能夠有發展的空間，我們每個人才能夠成為無價之寶。

# 第二章　寬心自在，用自己包容之心感動別人

## 有一種感動叫包容

☆**智慧語**☆

你要包容那些意見跟你不同的人，這樣子日子比較好過。你要是一直想改變他，那樣子你會很痛苦。要學學怎樣忍受他才是。你要學學怎樣包容他才是。——小和尚

☆**藏經閣**☆

有一天，一位信徒在佛殿做完法事之後，閒來無事，就來到花園裡散步，而他碰巧看見負責園藝的和尚正在專心致志的整理花草，只見和尚手裡面拿著剪刀，有的時候將枝葉剪去，而有的時候卻將花草連根拔起，把花從這個花盆移動到另一個花盆中，有的時候會給一些馬上要枯萎的花澆水、施肥，對它們可以說是照顧周到。

這個時候信徒走上前去問道：「小師父，你既然是負責照顧花草的，可是你為什麼要將好好的枝葉給剪去，反而會給那些馬上就要枯死的花草澆水、施肥呢？有的時候我又看你把花從這個花盆移到另一個花盆，你何必這麼來回折騰呢？」

小和尚聽完信徒的問話之後答道：「其實照顧花草就和教育子女一樣，子女要怎麼樣的受教育，

我們就要怎麼樣的來照顧花草。」

信徒聽完之後，覺得小和尚說話過於誇大了，很不以為然的說道：「花草是花草，人是人，兩者怎麼能相提並論呢？」

小和尚頭也不抬的說道：「照顧花草，一定要將那些看起來枝繁葉茂，但是生長錯亂、不合規矩的花的枝葉剪掉，因為只有這樣才能夠避免他們過多的吸收養分，而這樣好的花枝才能夠更好的成長，這就好像是如何來收斂年輕人的氣焰一樣，只有將他們的惡習改掉，他們才能夠健康的成長。你看我有的時候把花從這個盆裡連根拔起，移入到另一個盆中，其實這就是為了讓植物離開貧瘠的土壤，能夠接觸到肥沃的土壤。這就好像是讓年輕人拋開環境的限制，到別的地方去接觸良師益友一樣，只有這樣，他們才能夠得到更多、更好的學問。

雖然有的植物看起來已經枯萎了，但是它們體內卻還蘊藏著無限生機，我給枯萎的植物澆水、施肥這是為了救活它們。只要我們細心的去照顧它們，經常給它們鬆土，它們就會健康成長，因為在土中可能會有很多等待發芽成長的種子。

這就和我們平時教育人一樣，不要認為進入歧途的人都是無可救藥的，從而放棄這些人。每一個人的本性都是善良的，只要我們能夠悉心愛護他們，幫助他們，就一定能夠讓他們走出歧途。

☆**心靈窗**☆

在這個世界上，沒有不可拯救的生命，更沒有不可教的人才，所以我們不要輕易放棄任何一個人，一定要學會包容，給予不同的人以不同的幫助，不同的教育，只有這樣，我們才能夠幫助他們改過自新，也能夠更好的幫助他們找到生活中的位置。

## 每個人都有屬於自己的位置

☆ **智慧語** ☆

放下了，就擁有了。——老和尚

☆ **藏經閣** ☆

有一個年輕人滿懷失望的來到了少林寺，對住持方丈釋圓和尚說道：「大師，我一心一意想學丹青，但是直到現在我都沒有找到一個能讓我感到滿意的老師，為此我感到非常的苦惱。」

釋圓和尚聽完之後笑了笑說道：「聽你講的，可見你走南闖北已經有很多年了吧，難道真的就沒有一個讓你感到滿意的老師嗎？」

年輕人聽完後重重的嘆了口氣說道：「在這十幾年的時間裡，我走南闖北拜訪了很多有名的老師，但是在他們當中很多人都是徒有虛名，我當時親眼看見了他們的畫，畫畫的技術我實在是不敢恭維，有些老師甚至還不如我呢，你說這怎麼可能讓我拜他們為師呢？」

釋圓和尚聽完之後，又是淡淡一笑，說：「老衲雖然對丹青一竅不通，但是我平常有喜歡收集名家書畫的習慣，既然施主你的畫技都要比這些大師技高一籌，那麼老衲就懇請您能否為我留下一幅墨寶吧！」說完，釋圓和尚就吩咐小和尚取來了筆墨紙硯。

釋圓和尚繼續說道：「老衲平生還有一大愛好就是喜歡品茶，對那些造型非常漂亮美觀的茶具情有獨鍾。施主您是否可以給我畫一個茶杯和一個茶壺，從而以滿足老衲的喜好呢？」

年輕人聽完之後非常傲慢的說：「這有何難，對我來說猶如探囊取物。」

說完之後，年輕人就調了一硯濃墨，鋪開了宣紙。只見年輕人寥寥數筆，一個傾斜的茶壺和一個造型典雅的茶杯便躍然紙上，更讓人驚訝的是那茶壺的壺嘴裡面還正往出吐著一縷縷的茶水，緩緩的注入到了茶杯當中。

當年輕人畫完這幅畫之後，問釋圓和尚道：「大師，您覺得我這幅畫畫的怎麼樣？您滿意嗎？」

釋圓和尚看了之後先是微微笑了笑，接著又搖了搖頭，說道：「施主的畫畫得是非常的不錯，但是施主卻把茶壺和茶杯的位置給畫反了，茶杯應該放在上面，而茶壺應該放在下面才對啊。」

當年輕人聽完之哈哈大笑，對釋圓和尚說道：「大師，您怎麼會如此糊塗啊？要是把茶壺放在茶杯的下面，那麼怎麼才能把茶水注入茶杯呢？」

釋圓和尚聽完之後說道：「原來施主你並不糊塗啊，也懂得這個道理。你渴望丹青高手的香茶能夠注入到你的杯子裡，但是你卻總是把自己的杯子放在比原來茶壺還要高的位置。施主請你想一想，這樣一來香茶怎麼可能注入到你的杯子裡呢？只有把自己先放低，才能夠得到一縷香茶，也只有當一個人把自己的位置放低一些以後，才能夠從別人那裡得到許多智慧和經驗。」

當年輕人聽完釋圓和尚的話以後，頓時明白了。

☆**心靈窗**☆

如果一個人老是盯著別人的缺點和錯誤，那麼在他的眼裡看到的只能是令他不滿的現象。當有了偏見，又怎麼會發現別人身上的優點呢？所以，在我們的學習、工作和生活中，一定要端正自己的態度，找到自己的位置，更要謙虛而誠懇的向別人請教，只有這樣，才能發現自身的缺點和不足，也才能真正的了解自己，檢討自己，改正缺點。

## 包容別人的過錯，做人更輕鬆

☆**智慧語**☆

以感恩包容的心去擁有一切的常樂。——無德禪師

☆**藏經閣**☆

有一天清晨，一位商人抱著一大把鮮花，提著一籃子的供果到大佛寺去供佛。可是當他左腳剛踏進大殿的時候，突然從右側跑進來一個人，結果正好和這個商人撞在了一起，於是將這位商人抱著的鮮花和一籃子供果全部打翻在地上。

當商人看到自己買的鮮花和一籃子供果就這樣被這個突然闖進來的人撞爛在地上，不禁怒從心中起，嚷道：「你這個人，你看你，怎麼這麼魯莽啊？你把我的鮮花和供果都撞到地上了，你說你怎麼賠償我吧？」

可是這個撞他的人卻非常不在乎的說道：「撞翻就撞翻了，我給你說一聲『對不起』就行了，你為什麼這麼兇啊？」

商人一聽這話，更生氣了，說道：「你這人怎麼這樣啊，明明是你的錯，你還這麼氣盛，你還居然責問別人。」

於是這兩人從之前的指責變成了謾罵，相互推打起來了。

就在這個時候，剛好寺廟中的住持圓真禪師從這裡經過，看見這兩個人吵得不可開交，於是就把兩個人帶到了一邊，問清楚了原因之後對他們說道：「莽撞行走肯定是不應該的，但是不能夠接受別人真誠的道歉這也是不對的，你們這兩個人的做法都有不對的地方，甚至可以說是不明智的，而只有既能夠坦誠承認自己所犯的錯誤，又能夠接受別人禮貌而真誠的道歉，這才是明智的舉動。」

當兩個人聽完圓真禪師的話以後，都非常慚愧的低下了頭。

圓真禪師看見兩個人都有悔改的意思，於是繼續說道：「不知道你們有沒有聽說過『與人無節，做人更輕鬆』這句話，我們每個人一生中會遇到很多問題，也需要處理很多事情。如果我們每個人，為了一點點小事就和別人斤斤計較，那麼既浪費了我們寶貴的時間，更消耗了我們的人生精力。」

當兩個人聽完圓真禪師的話以後，都漲紅了臉，慚愧的無以言對。

☆ **心靈窗** ☆

在現實生活中，人們總是會因為各種各樣的原因與別人發生一些矛盾，但是我們對於這些矛盾最好的辦法就是大事化小，小事化了，因為我們與別人沒有了矛盾，才能夠和諧相處，自己也才會快樂。其實寬容就好比是一片綠蔭，我們應該學會利用自己的寬容之心，去包容別人，用自己的內心去照亮別人，從而從中體會到真正的快樂。我們只有寬容了別人，也才寬容了自己。

## 心地寬厚而容人有過

**☆智慧語☆**

你永遠要寬恕眾生，不論他有多壞，甚至他傷害過你，你一定要放下，才能得到真正的快樂。

——惟寬

**☆藏經閣☆**

在唐朝的開元年間有一位夢窗禪師，他德高望重，在當時既是一位有名的禪師，又是當朝的國師。

他有一次準備搭船渡河，當他走上船後，渡船就駛離了岸邊，而正在這個時候，遠處來了一位騎馬佩刀的大將軍，真的是未見其人先聞其聲，還沒看見大將軍的身影，就聽見他大聲喊道：「等一等，等一等，快點載我過去，我有急事！」他一邊說一邊騎馬飛奔到河岸邊，把馬拴在岸邊，拿了鞭子就朝碼頭跑過來。

船上的人見狀紛紛說道：「船都已經開走了，不能回頭了，我們乾脆讓他等下一趟吧。」船夫聽到船上的人這麼說，就大聲告訴大將軍：「實在不好意思，船已經開走了，還是請您等下一班吧！」

大將軍聽見船夫的話以後非常的失望，急得在水邊團團轉。

而正在這時，坐在船頭的夢窗國師對船夫說道：「船家，你看這船雖然開出了碼頭，但是離岸還沒有多遠，你就行個方便吧，把船頭掉過去載他過河吧，我看他好像真的有很著急的事情！」船夫一看是一位氣度不凡的出家師父開口求情，於是也只好把船開了回去，讓那位將軍上了船，準備載他過河。

當這位非常蠻橫的大將軍上船以後就開始四處尋找座位，可惜當時乘船過河的人很多，無奈座位已經沒有了，就在這個時候他看到了坐在船頭的夢窗國師，於是二話沒說，拿起鞭子就打，嘴裡還粗野的罵道：「老和尚，給我走開點，快把座位讓給我，難道你沒看見本大爺上船？你瞧瞧我這身衣服，不知道我是什麼身份的人嗎？」大將軍的這一鞭子打的很重，而且正好打在了夢窗國師的頭上，鮮血立刻就順著臉頰汩汩的流了下來，但是夢窗國師什麼話也沒有說，就把自己的座位讓給了這位蠻橫無理的大將軍。

大將軍的所作所為大家都看在眼裡，但是由於他是一位大將軍，所以乘船的人們心裡是既害怕大將軍的蠻橫無理，又為夢窗國師的遭遇感到忿忿不平，在底下紛紛竊竊私語道：「這位大將軍真是忘恩負義，這位禪師好心請求船夫回去載他過河，可是他還搶占禪師的位子，而且還用鞭子打了他，這還能叫人嗎？」

大將軍似乎從大家的議論中，好像明白了什麼。最後他終於知道是怎麼回事了，心裡感到非常的慚愧，不免心中充滿了悔意，但是身為大將軍的他卻在老百姓面前又拉不下面子，不好意思認錯。

過了一會兒，船終於到了對岸，大家都紛紛下了船。這時夢窗國師默默的走到水邊，把自己臉上的血污慢慢的洗掉了。而這位大將軍再也忍受不了自己良心上的譴責，於是上前跪在夢窗國師面前懺悔道：「禪師，我……真對不起！」而夢窗國師則心平氣和的對他說：「不要緊，出門在外難免心情不好。」

☆**心靈窗**☆

容人之過，方顯大家本色。大度睿智的低調做人，有時比橫眉冷對的高高在上更有助於問題的解決。對他人的小過以大度相待，實際上也是一種低調做人的態度，這種態度會使人沒齒難忘，畢生感謝。

## 寬心的人要學會忘記仇恨

☆**智慧語**☆

如果你不給自己煩惱，別人也永遠不可能給你煩惱。因為你自己的內心，你放不下。——老禪師

☆**藏經閣**☆

在很早之前，有一個非常貧困的沙門，他真的是什麼都沒有了，每天都是以乞討為生，但是他卻是一個虔誠的佛教徒，而且從來都不傷害生靈，甚至有的時候為了保護生靈而讓自己受傷。

有一次，這個沙門一連三天都沒有吃什麼東西，可以說是餓的頭昏眼花。他路過了一個人家，

於是便跌跌撞撞的進去討飯。這個家庭非常的有錢，家裡裝飾的更是富麗堂皇，陳設也非常講究。

當時家裡的主人看見沙門餓得太可憐了，於是便命令傭人給他端上豐盛的飯菜來款待他。沙門可以說是太高興了，於是就狼吞虎嚥的吃了起。

這個富有家庭的男主人非常喜歡收集珠寶，經常花費很多錢來購買自全國各地的珍貴珠寶。他家裡所珍藏的珠寶可以說都是世界上最名貴的，簡直可以開一個珍寶的博物館了。

這一天，男主人又興高采烈的拿回了一顆珍珠，這可真是一顆光彩照人、價值連城的好珍珠啊。他興奮的衝進自己的房間，當時只有沙門一個人在吃飯，於是就把珠子放在了桌子上，轉身回到自己的臥室裡換衣服去了。可是就在男主人轉身的那一剎那，家裡養的一隻鸚鵡飛了過來，結果把那顆珍貴的珍珠給吃了。

結果沒過多長時間，男主人就換好了衣服和妻子一起出來了。可是他卻發現剛才那顆珍貴的珠子卻不翼而飛了，於是便著急的問沙門：「那顆珠子哪裡去了？」

沙門當時一門心思的吃飯，根本就沒有注意珍珠，當然覺得很吃驚，於是隨口回答說：「什麼珠子啊？我不知道啊。」

男主人又著急的問道：「那麼剛才有人來過嗎？」

沙門回答說：「沒有人來過。」

於是男主人就開始大發脾氣，吼道：「我剛才明明把珍珠放在了桌子上面，而這裡除了你之外，再也沒有別人了。怎麼可能轉眼之間就不見了呢。肯定是你偷的，你真是一個沒有良心的東西，我們看你可憐，好心好意的招待你，可是你卻要恩將仇報，偷我們的東西，你今天必須老老實實的把珍珠給我交出來，不然的話我就讓你死在這裡。」

沙門聽完男主人的咆哮之後，並沒有驚慌，而是很淡定的說：「我不知道嗎，反正我沒有拿。」

男主人聽了之後更是生氣，就拿起一根棍子，劈頭蓋臉朝沙門打去，結果沙門被打倒在地，鮮血馬上就流了出門。就在這個時候，鸚鵡過來喝沙門的血，結果也被男主人給打倒了。這個時候沙門說話了：「不要打了，我告訴你吧，是你的鸚鵡吃了你的那顆珍珠。」

男主人一聽還不太相信，於是就命人把鸚鵡的肚子剖開，結果真的找到了那顆珠子。這個時候男主人對沙門說：「你明明知道是鸚鵡吃了我的珍珠，那你為什麼不早點說呢？免得受我的皮肉之苦。」

沙門說：「我堅持佛戒，從來不殺生，本來是想告訴你事情真相的，但是又怕擔心鸚鵡遭到剖腹的結果。現在鸚鵡已經死了，所以我說出來也就無所謂了。如果鸚鵡沒有死，那麼即使你打死我，我也是不會說的。」

當男主人聽完沙門的話以後，感到非常的愧疚，於是連連的向沙門道歉。可是沙門卻一點也不生氣，就好像這件事情從來沒有發生過一樣。

☆**心靈窗**☆

有著高尚品德的人，即使是在考慮自身安危的時候也不會忘記去考慮別人的利益，而且有的時候他們為了保護別人，往往寧願讓自己承受一些屈辱或者是磨難，他們做人的原則就是不讓別人陷入絕境，通過自己的努力幫助別人脫離苦海。

## 以包容之心真誠接納別人

☆**智慧語**☆

心開路就開，寬容大度才能成就一切。——小和尚

☆**藏經閣**☆

很久以前，在一座非常偏遠的山中有一座寺廟，裡面住著當時一位小有名氣的小和尚。由於這位小和尚的雕刻技術非常不錯，所以山後面的一個村莊裡面的寺廟就請他去幫忙雕刻一尊菩薩像。

可是小和尚要到達那個村莊，必須先穿過一片小森林，而當時偏偏有關於這片小森林鬧鬼的傳說。據說，有些想要穿過這片森林的人，如果是晚上從這裡走過的話，一定會被一個非常兇殘的女鬼給殺死。所以小和尚的朋友們都勸說小和尚，等到白天再前往村莊，免得夜晚遭遇不測。

可是小和尚怕第二天白天再走會耽誤了和別人約定好的時間，所以就感謝了大家對自己的關心之後上路了。

小和尚走啊走，天色漸漸的暗了下來，天空中出現了月亮和星星，而就在這個時候，小和尚發現在前面不遠處，有一個女子正坐在路邊，而且她的鞋子已經壞了，女子顯得非常的疲倦和狼狽。

小和尚於是就趕緊跑上前去詢問女子是否需要幫忙，當小和尚得知女子也是要去那個小村莊的時候，

就自告奮勇的背她一段。

在月黑風高的夜晚，小和尚背著這位女子開始前行，沒多一會兒，小和尚已經累的是汗流浹背，於是就決定停下來休息一會兒。就在這個時候，女子問小和尚：「和尚，難道你就不怕我是傳說中的那個女鬼嗎？你為什麼不自己趕緊趕路，還要為了我耽誤這麼長的時間呢？」

小和尚回答說：「我想趕路啊，可是如果我把你一個人留在小森林中的話，萬一你遇到危險該怎麼辦呢？現在我背著你走，雖然有點累，但是兩個人在一起多少還能夠互相照應。」

就在這明亮月光的照射下，小和尚發現在自己的身邊有一塊木頭，於是他就拿出隨身攜帶的雕刻工具開始雕刻起來，而且他一邊看著這女子，一邊雕刻出一尊人像來。

女子問道：「你在做什麼呢？」

小和尚回答說：「我在雕刻菩薩像啊！我發現你的容貌非常的慈祥、美麗，真的很像菩薩，所以我就按照你的樣子來雕一尊菩薩像。」

當坐在一邊的女子聽完這些話以後，當即就流下了眼淚，因為她就是傳說中的女鬼。

其實早在很多年以前，這位女子一個人帶著自己的女兒穿過這片小森林的時候，不幸遇上了一夥強盜，她一名弱女子如何抵抗，最後不僅自己被姦污了，而且女兒也被強盜殺害。當時悲痛而絕望的她在樹上上吊死了，化成了厲鬼，專門在夜間取過路人的性命。

可是這個已經成為鬼的女子，居然沒有想到竟然有人會說她的相貌慈祥、美麗，突然之間，女子化成了一道白光，消失在了小森林中。

當第二天小和尚到達村莊的時候，大家都非常驚訝他竟然能夠在夜晚順利穿過那片小森林。而令人奇怪的是，自從那天以後，再也沒有聽說夜行的人在穿過那片小森林時遇見女鬼的事情。

☆ **心靈窗** ☆

關心、熱愛、寬容是我們直達人心的鑰匙，沒有人能夠拒絕別人善意的幫助，心懷善良與包容，有一顆樂於幫助他人的心，就一定可以贏得人心，驅除邪惡。有的時候，我們只要把自己的利益置之度外，處處學會為別人著想，包容別人，那麼面對你這麼無私的心底，如此博大的胸懷，即使是一個作惡多端的人，他也會對你表現出崇敬之情的。

## 以寬厚大度來感化他人

☆ **智慧語** ☆

在這個世界上，永遠不可能用仇恨來止息仇恨，仇恨只可以用慈愛來止息，這是一個永恆的真理。——佛陀

☆ **藏經閣** ☆

很久以前有一位在深山苦修的行者，他每天都靠野果生活，由於他不斷的用功修行，所以身心清淨。

有一天，國王帶著一支隊伍到深山裡面打獵，由於他們當時正在追蹤一群野鹿，恰巧就遇到了

## 以寬厚大度來感化他人

修行者。於是國王便向修行者詢問野鹿的去向，這個時候修行者心想：如果我把答案告訴國王的話，不是就和他一樣殘忍了嗎？但是如果我不說的話，那麼這樣以來又犯了欺君之罪。

國王見到修行者沉默不說話，於是就認為這是修行者在藐視自己，心中頓時氣憤萬分，便問道：「你是誰啊？居然這麼大膽，敢不回答我的問題。」

修行者如實的回答說：「我是忍辱仙人。」

國王聽後惡狠狠的說：「既然你說自己是忍辱仙人，那麼我倒要看看，你忍不忍的了這份恥辱。」說完國王就拔出了刀，瞬間把修行者的右手給砍了下來，只見鮮血立刻就從修行者那被砍斷的手臂上面流了下來。

可是，這個時候修行者根本就沒有去理會自己手上的傷痛，當然也沒有表現出對國王的一絲仇恨，而是思考著說道：「我上求佛道、與世無爭，國王對我都能夠下得了手，更何況對自己的子民呢？」於是修行者在心中暗暗發願：「有朝一日，我修成正果以後，一定能夠要先來渡國王。」

這個時候國王見修行者居然不畏懼痛苦，覺得非常奇怪，但是內心也多了一份憤怒，便再次揮刀向他砍去。

可是這個時候，忽然天地震動，眾神憤慨，都要出來懲罰這個性情殘暴的國王。但是修行者這個時候卻勸說道：「對於罪孽深重的人來說，我們更應該給予他們更多的寬恕和憐憫，而不應該遠離或者捨棄他們。雖然國王這樣對我，但是我在內心卻是非常同情他的，就好像是一個母親對自己孩子的感情一樣，我的心中對國王從來都不曾有過仇恨，如果我所說的都是實話，那麼就讓我的身體立刻恢復原形吧。」

果然，當修行者說完這句話以後，他的身體立刻就恢復到從前的完整模樣，毫無損傷。天上的眾神和國王，以及國王隊伍中的人，對修行者的這種大度慈悲之心，都是十分的敬佩。

**☆心靈窗☆**

世間最大的愛不是去救助那些善良的人，而是去感化那些卑劣的人，因為他們更需要被我們所拯救。所以，當我們面對一個以前有著很深罪孽的人的時候，我們要懂得用一顆憐憫心去接納他，而不是遠遠的躲著他，甚至是拋棄他。

## 反省自己，寬容別人

**☆智慧語☆**

多一分心力去注意別人，就少一分心力反省自己，你懂嗎？——老和尚

**☆藏經閣☆**

在一座深山裡面，曾經有一個非常簡陋的寺廟，有一位不諳世事的老和尚在這裡長年隱居著，可以說這位老和尚每天都是把打坐修行作為自己生活的全部。

有一天夜裡，有一個小偷在這座伸手不見五指的深山裡面迷了路，於是他就在迷失方向的情況下來到了這位和尚的寺廟中。小偷在寺廟門口休息了很長的時間，心想：如果這次沒有什麼收穫，

那麼我這是走了多少的冤枉路啊。也就在這個時候，寺廟內的老和尚聽到了門口的動靜，說道：「施主，您深夜來到寒舍還是趕快進屋吧，深山裡面晚上風大，小心著涼了。」

這個時候小偷聽了老和尚的話之後，感覺這個老和尚心太善良了，很容易欺負，於是就踹門而入了。可是當小偷看見寺廟裡面窮的什麼都沒有的時候，小偷內心絕望了，就好像打了敗仗的士兵一樣，於是一臉的沮喪，而且口中還不停的罵著老和尚：「你這個老東西，我早知道你這裡面這麼窮，我就不會花費這麼大力氣深夜找到這裡了，你這裡真的是一貧如洗啊！」

沒有想到的是，老和尚聽完小偷的辱罵之後並沒有生氣，而是對小偷說道：「我現在很滿足啊，我不覺得自己缺少什麼，施主你也應該改過自新，不要再去做偷盜之類的事情了。」但是小偷聽完之後卻沒有絲毫悔改之意，而且口中還在不停的辱罵老和尚。

就當小偷垂頭喪氣準備離開老和尚寺廟的時候，老和尚卻叫住了小偷，而且還語重心長的說道：「外面很黑，很冷，我這裡還有一個半成新的鋪蓋給你，你拿著吧，可以在路上取暖。」於是就這樣，小偷帶著老和尚給的半成新的鋪蓋，就這樣消失在了茫茫的夜色當中。

而當老和尚看見小偷遠去的背影時，心想：在這麼黑暗的夜裡，我也許更應該再送給他一盞明亮的燈，這樣他才更能夠找到回家的路。

當小偷離開老和尚的寺廟以後，他的心裡一直感到非常不安，因為老和尚明明知道自己是小偷，他還能對自己和顏悅色，甚至對自己關愛有加，所以小偷越想越感到非常的慚愧。

於是小偷最後想了想，他決定返回來把老和尚給他的半成新的鋪蓋重新放在了老和尚寺廟的門口，之後就悄然離開了。

第二天一大早，老和尚聽見樹林中小鳥清脆的鳴叫聲，當他打開寺廟門的時候，發現自己送給小偷的鋪蓋卻放在門口，老和尚非常高興的拿起鋪蓋欣慰的說道：「原來我已經給了他一盞明亮的燈了。」

**☆心靈窗☆**

人世間善惡的界線往往是很微妙的，而唯有自我反省才是打破這條界限的最好辦法。我們在反省的過程中，能夠感知自己的所作所為，能夠以道德來約束自己的行為，能夠以佛法淨化自己翻騰的心靈，而也只有反省自己，才能夠更好的去寬容別人。因為每個在社會中生存中的人，都會犯大大小小的錯誤，而如果每個人都斤斤計較，那麼可以說是庸人自擾。

## 幫助別人，切記心懷所報

**☆智慧語☆**

真正的快樂是無求的，到無求處便無憂。你無所求，這才是真正的快樂，真正自性的穩定、平安。

——宣化上人

**☆藏經閣☆**

有一天，很多城鎮裡面的老百姓都聚集在一個懸崖邊，他們準備架一座獨木橋到對岸的懸崖

## 幫助別人，切記心懷所報

上。由於在兩個懸崖之間是一道非常深，而且水流很急的河溝，所以大家運來了一條條又大又堅固的樑木。

大家先用非常粗的繩子捆住了樑木的兩端，然後拉著一端的繩索，把樑木放到河溝裡面去，接著需要讓一部分人攀著岩石，順著懸崖爬到河溝下面，這樣好涉水渡過河溝，再爬上對面的懸崖，然後兩邊的人同時開始拉繩子，再把樑木拉上去，這樣就可以把獨木橋架好了。

可是，由於那條河溝裡面的水流實在是太急了。好幾個準備涉水過去的人都被水給沖走了，而且有三個人還在慌亂之間失去了寶貴的生命。當時很多人看見這個狀況，都退縮了回來，再也不敢向前去了，而眼看大家辛辛苦苦運來的樑木馬上就要被水沖走了。大家心想：看來這座獨木橋一時半會是搭建不起來了。

可是就在這個時候，大家卻發現有一個人正在水流湍急的河溝中掙扎，他拉住了樑木，最後終於渡過了河，攀爬到對岸的懸崖上面，拉起了樑木，就這樣獨木橋架起來了。

由於這個人的功勞特別大，城鎮的老百姓把他視為英雄。大家為了感激他，都拿出了大壇的酒和大塊的肉來感謝他，而且還叫石匠把他的名字刻在河溝旁邊的石壁上面。其實大家這麼做都是真心實意的在感謝他。

可是隨著日子一天天的過去，沒有想到這個人竟然因此而變得驕傲起來，開始以城鎮鎮長自居了，在城鎮裡面開始橫行霸道起來。

剛開始的時候大家想到他當初冒著生命危險為城鎮架橋，都還能夠容忍他，但是有一天他居然當著大家的面宣布：「你們如果沒有我，你們連一座獨木橋都架不起來。現在你們看看，我就要把獨木橋拆掉，丟進河裡了，我看你們怎麼辦？」大家還以為他是因為生氣在說氣話，可是沒有想到的是，他卻真的提起獨木橋，「轟隆隆」，他把獨木橋丟進了水流湍急的河溝中。

這個時候老百姓們再也無法忍受了，他們一起跑了過去，也把他丟進了水流湍急的河溝中，而且就在當天，大家就把上面雕刻著他名字的石壁也給去除了，結果沒過幾天大家又重新建起了一座新的獨木橋。

☆**心靈窗**☆

為別人做好事，別人當然會感謝你，但是如果你因為自己幫助了別人而輕視別人，甚至想凌駕於別人之上，那麼最後摔跤的還是你自己。

其實有的時候，我們為別人付出自己的努力，不要心裡總想著回報，我們應該隨時以一種大無畏奉獻的英雄精神來謙虛的對待別人，只有這樣我們才會得到別人永遠的愛戴與尊敬。

## 氣量大一點，生活更和諧

☆**智慧語**☆

一個人如果不能從內心去原諒別人，那他就永遠不會心安理得。——丹霞禪師

☆**藏經閣**☆

有一天，有一位禪師正準備開門出去的時候，被突然闖進來的一位身材魁梧的大漢狠狠的撞到了，當時把他的眼睛撞碎了，而且還撞腫了他的眼睛。可是那位撞人的大漢，居然毫無羞愧之色，還理直氣壯的對禪師說：「你長沒長眼睛啊！戴個眼鏡有什麼用啊，誰叫你戴著眼鏡的？」於是禪師聽了大漢的話之後笑了笑並沒有說什麼。大漢當時感到非常的奇怪，繼續說道：「和尚，你怎麼不生氣呢？」

禪師看見大漢已經有一點悔意，便藉機開示說道：「我為什麼一定要生氣呢？又要去生什麼氣呢？我即使生氣了，既不能使眼鏡復原，又不能讓眼睛的瘀青消失，更不能解除痛苦。再說了，我要是生氣的話只會擴大事端，如果我對你破口大罵或者和你大打出手，這樣必然會造成更多的惡緣，肯定是不能把事情化解的。生氣不是解決問題的根本方法，如果我們能早一分鐘或者是晚一分鐘開門，這樣就能夠避免相撞。或許被你這麼一撞就能夠化解了一段惡緣，所以我還是會感謝你幫我消除了業障呢，我又怎麼會生氣呢？」

當大漢聽完了禪師的話，十分的感動，他於是立即向禪師懺悔，而且還問了許多有關於佛教的問題和禪師的法號，然後就有所感悟的離開了。

本以為這件事情就這樣過去了，可是有一天，禪師突然接到了一封掛號信，在信內裝有一萬塊錢，而這些錢正是那個大漢寄來的。

原來這位大漢在年輕的時候不知道努力，不知道勤奮學習，等他畢業以後，在自己的事業上是高不成低不就，而等到他結婚以後，也不能很好的對待自己的妻子，夫妻兩人的感情非常不好，為此他自己也感到十分的苦惱。

有一天，他上班由於走到匆忙忘記了拿公事包，於是中途又返回到家中，卻發現自己的妻子正與一名男子在家裡有說有笑的，於是他發了瘋的一樣衝進廚房，拿起了一把菜刀，想先把他們殺了，然後自己再自殺，從而來個了斷。

但是因為大漢當時驚慌、害怕，臉上的眼鏡在他回頭的時候不小心掉了下來。於是就在這一瞬間，他想起了禪師的教誨，使自己能冷靜下來，反思自己的過錯，當時就決定要痛改前非。

當大漢改過自新以後，他的生活非常幸福，工作也得心應手。於是特地寄來了一萬元，感謝禪師以前對他的教誨和恩情，正是因為禪師的寬容，才能夠有他的今天。

☆ **心靈窗** ☆

世間，沒有什麼歧途不可以回頭，沒有什麼錯誤不可以改正。所以面對別人的錯誤，寬容比懲罰更有力量，寬容是對生命的洞悉，寬容能夠讓我們認清彼此，遠離是非和仇恨，珍惜生命，因為寬容就是愛，而愛則是萬物之靈性。

## 不讓心胸狹窄毀了好心情

☆**智慧語**☆

同樣的瓶子，你為什麼要裝毒藥呢？同樣的心裡，你為什麼要充滿著煩惱呢？——老禪師

☆**藏經閣**☆

佛光寺有一個德高望重的住持，在這個寺廟裡，除了一個叫空明的小和尚之外，這座寺廟裡的其他弟子都非常的敬佩這位住持。

由於空明眼裡根本就沒有把這位住持放在眼裡，所以他總是在深更半夜的時候越牆而出，在早晨天快亮的時候再越牆而入。住持其實早就知道這件事情，但是由於沒有什麼證據，所以也沒有辦法批評空明。

有一天深夜，住持在寺廟裡巡邏，於是就在寺院的牆邊發現了一把椅子。住持一想就知道這一定是空明偷偷用這把椅子翻牆到外面去了。於是，這位住持悄悄的搬走了椅子，自己則站在原地等候。幾個時辰就這樣過去了，眼見天就快亮了。空明終於從外面回來了，當他爬上牆，再跳到了「椅子」上，可是突然，空明感覺這把「椅子」已經沒有以前那麼堅硬了，軟軟的似乎還有點彈性。等空明落地之後才知道，原來自己放在這裡的椅子已經變成了住持，於是空明嚇的趕緊跑走了。

從那以後，空明每天都心神不寧，天天都感覺是度日如年，每天都要誠惶誠恐的等待著住持對他的懲罰，但是住持依舊和從前一樣，對這件事到頭來都是隻字未提。

過了一段時間以後，空明終於再也忍受不了了，他再也不想每天都過這種煎熬的生活了。於是他終於鼓起了勇氣，找到了住持，誠懇的向住持承認了錯誤。

誰知，住持並沒有批評空明，而是寬容的笑了笑，說：「你不用擔心，這件事情天知地知，你知我知，別人是不會知道的，不要害怕什麼。」

從此以後，空明開始學會了控制自己貪玩的心理，再也沒有偷偷的翻牆出去玩。

最後，空明通過刻苦的修練，終於成為了全寺裡面的佼佼者。過了十幾年以後，住持圓寂了，而空明則成為了新的住持。

☆**心靈窗**☆

在現實生活中，又有多少人因為別人做錯的事情而不肯原諒別人呢？其實，你在不原諒別人的同時，也是在折磨自己，因為恨一個人更痛苦，恨一個人的時候也在告訴自己曾經遭受過的某種傷害，所以何不寬下心來，寬容他人之過呢？

## 學會放下，珍惜眼前

☆**智慧語**☆

佛陀：「你現在拿一根蠟燭放在你的眼前，用心看看那根最亮？」

人：「當然是眼前的這根最亮。」

☆**藏經閣**☆

曾經有一位將軍，他一直被一些疑問所困擾著，於是，他假扮成一位平民，上山去找禪師指點。

當將軍找到禪師的時候，禪師正在菜園子裡面辛勤的勞動著。將軍走上前去說：「大師，我一直被幾個問題困擾著，這次特意來拜訪您，希望您能夠發發慈悲，幫我開示。」

禪師聽完之後也沒有抬頭看將軍，也沒有說話，而是繼續埋頭幹活。

這個時候將軍繼續說道：「什麼時間最重要，什麼人最重要，什麼事情才是人生最重要的呢？」禪師還是沒有回答，依舊埋頭幹著自己手中的活。將軍看見禪師年紀已經大了，於是就從禪師手裡接過了鋤頭，開始替禪師幹起活來。

而就在這個時候，一個受了重傷的人連滾帶爬的朝著這裡跑來了。將軍見狀，急忙跑過去攙扶這個受了重傷的人，親自為他包紮好了傷口，然後又把他扶到草棚裡面讓其休息。

等到第二天，這個受傷的人醒來一看到將軍嚇了一跳，趕緊就請求將軍寬恕自己。

原來，將軍在前不久的一場戰役當中把這位男子的父母兄弟給殺死了，他搶走了他們全部的財產，所以這位受傷的男子發誓這輩子一定要殺死將軍為自己的家人報仇。於是在他得知將軍山上的消息後，便在沿途中埋伏，但是不料卻被將軍的手下發現了，他本來以為會喪失性命的，結果沒有想到到頭來自己卻被將軍給救了。

將軍聽完之後也微笑著和他握手言和了。

就在將軍要離開寺廟之前，他再一次來到禪師面前，請求禪師幫助自己解答疑惑。這一次禪師說道：「事實上，我已經解答了。」將軍聽完之後感到非常的疑惑，不明白禪師的高深之話。

禪師這個時候接著說：「如果你昨天不是憐憫我，幫助我鋤地的話，你肯定就會立即返回的，那麼你在路上肯定就會遇到埋伏，所以你在挖地的時候，那就是你最重要的時間，換句話也就是在當下。昨天如果你沒有救這個人，那麼他肯定就會失去性命，而如果是那樣的話，你怎麼能夠和他和解呢？所以，最重要的人就是你需要幫助的人，最重要的事情就是你現在馬上要去做的事情。」

☆ **心靈窗** ☆

現在能延續歷史，這也是通往將來理想的必經之路，無論一個人的理想是多麼的偉大，永遠都屬於將來；無論往事多麼的難以忘懷，都已經成為歷史。所以，你唯一能夠支配的事情就在當下，應該好好的把握和珍惜現在。

# 第三章　善待逆境，不畏艱險陽光總在風雨後

## 人生逆境要看得開

☆ **智慧語** ☆

我們應當瞭解，困境是生命的一部分，沒有逆境、沒有困難，是不能成佛的。——星雲大師

☆ **藏經閣** ☆

鑒真大師剛剛遁入空門的時候，寺廟的住持讓他做了一個誰都不願意做的行腳僧。

每天他都是非常認真勤奮的做著住持交給他的任務，就這樣過去了兩年時間。鑒真在兩年的時間裡，每天都是這樣，從來沒有哪一次工作讓住持感到不滿意。可是他自己一直想不明白：為什麼別人都在做一些非常輕鬆的工作，可是自己卻這麼長時間一直做寺廟裡最困難的工作，而且一做就是兩年的時間。

很長時間以來，鑒真在內心深處都是不能接受的，他認為自己很委屈，覺得住持分配的工作一點也不公平。

有一天，已經日上三竿了，可是鑒真大師卻不知道怎麼回事，還在睡覺呢。住持感到非常奇怪，就推開了鑒真大師的房門，只見在他的床邊已經堆了很大一堆破破爛爛的鞋子。住持感到很奇怪，

於是把鑒真叫醒道：「你今天不出化緣，把這麼多鞋子堆在這裡幹什麼啊？」

於是鑒真打了一個哈欠說道：「別人一年都穿不壞一雙鞋，可是我一年的時間，就穿壞了這麼多的鞋。」

住持一聽鑒真的話就明白了，微微一笑說道：「昨天夜裡我們這裡剛剛下了一場雨，你隨我到寺廟前面的路上去走走吧。」

在寺廟的前面有一個黃土坡，由於剛剛下過雨，所以路面顯得很是泥濘。住持這個時候拍著鑒真的肩膀說道：「你是願意做一天和尚撞一天鐘，還是願意做一個能夠光大佛法的名僧呢？」

鑒真毫不猶豫的回答說：「我願意做一個能夠光大佛法的名僧。」

於是住持聽後微微一笑，接著問道：「你昨天有沒有在這條路上面走過呢？」

鑒真說：「當然。」

住持接著問：「你能找到自己的腳印嗎？」

鑒真非常困惑的說道：「我每天走的路是又乾又硬的，怎麼可能找得到自己的腳印呢？」

住持這個時候又笑笑說：「今天你再從這條路上走一次，你看你能找到自己的腳印嗎？」

鑒真說：「當然可以了。」

住持這次沒有說話，而是笑著看著鑒真，鑒真當時也是一愣，但是隨後他看著住持也笑了，因為鑒真開悟了。

☆**心靈窗**☆

不經歷風雨，怎麼能見彩虹。我們唯有在風雨中歷練自己，敢於挑戰困難和挫折，才能夠得到更多的收穫，獲得更大的成功。成功來源於我們的勇敢，來源於我們的堅持不懈，來源於我們的努力。

## 別讓自己的不幸影響別人

☆**智慧語**☆

無私無我，大慈大悲，願將法界眾生所有一切苦難皆與我一人代受。——宣化上人

☆**藏經閣**☆

有一位苦行僧為了很能夠找到他心目中的佛，開始四處雲遊，可以說是受盡了人間的各種苦難。但是他卻一直沒有找到自己心目中的佛。

在一個伸手不見五指的夜晚，這個遠行的苦行僧來到了一個非常偏遠的小村莊。在這個漆黑的夜晚，村民們在街道上面你來我往。

當苦行僧拐進一條小巷子的時候，發現不遠處有一團昏黃的燈光正從小巷子的深處緩緩的向這邊移動。他聽到有一個村民說道：「瞎子又過來了。」苦行僧聽完之後感到非常的吃驚，就問那個村民：「您說的瞎子是這個挑著一盞燈的人嗎？」

村民非常肯定的對苦行僧說道：「是啊，他就是一位盲人。」苦行僧聽完村民的話以後更是百

思不得其解，因為對於一個雙目失明的盲人來說白天和黑夜都是漆黑一片的，他即使打著燈，自己也是看不見道路的，甚至他可能都不知道燈光是什麼樣子，盲人挑著一盞燈，這不是讓人感到可笑和滑稽嗎？

苦行僧正想著，只見那盞昏黃的燈已經緩緩來到了自己的身邊，這個時候苦行僧忍不住向前問道：「不好意思，我想問一下您，您真的是一位盲人嗎？」

那位挑著燈的人，非常肯定的回答道：「是的，我是一位盲人，自從我進入這個世界，我的眼前就是一片黑暗。」

苦行僧問道：「既然您什麼都看不見，那麼你為什麼還要挑著一盞燈呢？」

盲人這個時候微笑著說道：「現在應該是晚上了吧，我聽別人說在晚上如果沒有燈光的照射的話，那麼全世界都會和我眼睛看到的東西一樣是黑色的，什麼也沒有，所以我就點燃了一盞燈。」

苦行僧這個時候突然明白了，感嘆道：「你原來是在為別人挑燈啊。」

可是沒有想到盲人卻說道：「你錯了，我是為我自己。」

這個時候苦行僧又愣住了，問道：「為你自己？」

盲人緩緩的說道：「不知道您是否在漆黑的夜晚行走而被別人碰撞過？」

苦行僧回答說：「這是當然了，這種情況在夜晚很容易發生，就剛剛我還與兩個人發生了碰撞呢！」

盲人聽完之後就非常得意的說道：「你經常和別人碰撞，但是我不會啊，雖然我什麼都看不見，但是我挑著這盞燈，既可以幫助別人照亮道路，也讓別人看見了我，這樣的話他們就不會和我發生碰撞了。」

苦行僧聽完之後終於頓悟了，在這一刻，他也找到了自己心中的佛。

☆**心靈窗**☆

俗話說：「與人方便，與己方便。」其實一個人在真誠的幫助別人的時候，也會得到別人的關心與幫助，而這個最主要的前提就是我們要懂得先付出，才能夠得到別人的尊重。

生活中需要別人說明的地方太多了，如果我們什麼事情都靠自己，那麼你的生活必然很累，只有當大家齊心協力做一件事情的時候，才會感到輕鬆和快樂，才能體會到人與人互相關心和幫助的那一種幸福。

## 學會「幸」災「樂」禍

☆**智慧語**☆

所謂看開人生，絕不是悲觀，而是積極樂觀；不是看破，而是看透；並非什麼都不做，而是及時去做。——老和尚

☆**藏經閣**☆

有一位只有一隻手的乞丐一路上著乞討，這一天，他來到了一座寺廟前。當他向方丈乞討的時

候，方丈指著門前的一堆破磚頭對乞丐說：「施主，請你幫我們把這堆磚頭搬到後院去吧。」

乞丐當時感到非常的尷尬，非常生氣的說道：「你沒有看到我已經殘疾了嗎？我只有一隻手，怎麼能夠幫你搬呢？你不願意給我錢就算了，作為一個和尚一點慈悲心都沒有，還這樣來羞辱我。」

於是方丈也沒有說什麼，而是一隻手搬起一塊磚送到了後院，然後對著乞丐說：「像這個樣子搬磚，只要一隻手就可以了，我用一隻手都能夠做到，施主為什麼做不到呢？」

結果乞丐也沒有再說什麼，而是像方丈一樣，用一手開始搬起了磚，就這樣兩個小時過去了，乞丐終於把磚搬完了，於是方丈走過來，給了乞丐一些銀子。而當乞丐接過方丈手中的錢，對方丈表示感謝的時候，方丈卻笑著說：「你不用謝我，這些都是施主自己用自己的勞動所賺到的。」

乞丐感動的說道：「大師您對我的再造之恩，我是永遠不會忘記的。」說完給方丈鞠了一躬以後就離開了。

又過了一段時間，又有一個乞丐來到寺院乞討。方丈把他帶到了寺院的後院，同樣也是指著地上的那堆磚頭說：「你把這堆磚頭給我搬到我的屋子前面，我就給你銀子。」但是這位身體健康的乞丐卻惡狠狠的瞪了方丈一眼，轉身就走了。

這個時候弟子不解的問到：「師父，我有一些不明白，為什麼你上次叫那個乞丐把磚頭從前院搬到後院，今天怎麼又叫這個乞丐把磚頭從後院搬到前院呢，您到底是想把這些磚頭放在前院，還是後院呢？」

方丈語重心長的說：「其實磚頭放在前院與後院是一樣的，可是動手搬與不動手搬對於兩個乞丐來說是完全不一樣的。

很多年以後，寺院裡面來了一個很體面、氣度不凡的人，唯一美中不足的就是他只有一隻手，這個人就是當年用一隻手搬磚頭的那個乞丐。自從方丈讓他搬磚頭以後，他就開始找到了自己的價值，明白了任何事情只要動手去做，就能夠取得成功，而且自己的生活也會和正常人的生活一樣精彩。從此之後，他開始不斷的努力與拼搏，最後終於取得了自己人生上的成功。而那個拒絕搬磚頭的雙手健全的人，到頭來還是一個乞丐。

☆**心靈窗**☆

每一種創傷其實都能夠對我們造成傷害，讓我們萎靡不振，但是創傷也能夠讓我們變得更加成熟，關鍵是看我們用什麼樣的態度去對待它。

不管現實是多麼的殘酷，生活多麼的貧困，我們都應該積極的去面對，靠自己的雙手和頭腦去創造我們美好的未來。一個不知道動手，永遠等著別人施捨的人是不會找到自己存在的價值的，更別說去實現自己的理想了。

## 學會欣賞自己

☆**智慧語**☆

當你對自己誠實的時候，世界上沒有人能夠欺騙得了你。——無德禪師

### ☆藏經閣☆

從前有一個人為南陽慧中國師做了三十多年的侍者，當時慧中國師看他一直以來都是任勞任怨，而且對於自己也是忠心耿耿，所以想要報答這位侍者，於是慧中國師決定要幫助他儘早開悟。

有一天，慧中國師像往常一樣喊道：「侍者。」

侍者聽到慧中國師在叫他，於是就以為慧中國師有什麼事情要找他幫忙，所以就立刻回答道：「慧中國師，您有什麼事需要我做嗎？」

慧中國師聽到侍者這樣的回答感到非常的無奈，說道：「我沒有什麼事情要你做的啊。」就這樣，又過了一會兒，慧中國師又喊道：「侍者。」

侍者又是做了和第一次一樣的回答。慧中國師又回答他說：「我沒有什麼事情要你做。」就這樣反覆了好多次，慧中國師喊道：「佛祖，佛祖。」

當侍者聽到慧中國師這樣喊，感到非常的不理解，於是問道：「慧中國師，您在叫誰啊？你是不是糊塗了，我們這裡哪有什麼佛祖啊？」

慧中國師看他笨成這個樣子，又開始啟示他說：「我叫的就是你啊。」可是侍者仍然是不明白，接著說道：「慧中國師，我不是什麼佛祖啊，我就是你的侍者，你真的是糊塗了嗎？」

慧中國師看到他是這麼不可教化，於是對侍者說道：「不是我不想幫助你，實在是你太辜負我了。」

侍者聽了慧中國師的話，趕緊回答說：「慧中國師，不管到了什麼時候，我永遠都不會辜負你的，因為我永遠都是你忠實的侍者，任何時候都不會改變的。」

當慧中國師聽了侍者說出了這樣的話，他不但沒有高興，反而目光暗淡了下來。

慧中國師對侍者說道：「你還說沒有辜負我，事實上你已經辜負我了，我的良苦用心你是完全不會明白的。你只知道承認自己是侍者，而不承認自己是佛祖，其實佛祖與眾生並沒有什麼不同。眾生之所以能夠成為眾生，就是因為眾生向來不知道承認自己是佛祖，這其實真的是很大的遺憾。」

☆**心靈窗**☆

為什麼有的人只會被動的做事情呢？不管是進還退都跟著別人的步伐走，難道他們就不想到自己的生存和發展嗎？難道他們不能感受到自己的靈魂或者說是不能自己真正的去接觸社會嗎？一個人既不能盲目自大，也不能過分自卑了。只有當認識到自己的長處，並發揮好自己的長處，你才能走得更高更遠。其實，我們每個人都具有佛性，人人都可以成為佛，但是關鍵的一點就在於我們不要辜負了自己的長處。

## 相信自己，勇於追求

☆**智慧語**☆

自信是成功的根本，相信自己潛在的智慧，只要用心去做，做什麼都能做好，能衝破一切困難

獲得成功。——大悲法師

☆ **藏經閣** ☆

曾經有一個非常不自信的學僧，總是覺得自己很笨，所以，不管做什麼事情都是縮手縮腳的。有一天，禪師遞給他一塊石頭，讓這位非常不自信的學僧到菜市場上面把它給賣掉。

其實這是一塊很大的普通石頭，但是外觀看起來非常的漂亮。在學僧臨走之前，禪師對他說：「記著，不管怎麼樣，千萬不要真的把石頭給賣掉，我只是讓你去試著賣它，並不是要真的把它給賣掉。你一定要多注意觀察，多去問一問人，然後你回來之後記得告訴我這塊石頭在市場上能夠賣多少錢。」

於是學僧到了市場上，結果很多人看到石頭以後，想到：這個石頭真的太漂亮了，可以把它當成是一個很好的擺設，也可以讓孩子們去玩。很多人都出價想買這個石頭，但是他們的價格不過是幾個小硬幣而已。

等到傍晚的時候，學僧回到寺廟裡，對老禪師說：「師父，這是一塊非常不值錢的石頭，只能夠值幾個小硬幣。」

禪師聽完之後說道：「你明天再帶著這塊石頭去黃金市場跑一趟吧，你問問那裡的人會出什麼價錢。但是你不管他們出什麼價格，都不要把這塊石頭賣掉，你還是要記住，只是為了問問價格。」

於是學僧第二天一大早就去黃金市場上了，等到傍晚的時候，學僧非常高興的從黃金市場上回來了，告訴禪師說：「師父，真的是太好了，你知道嗎，居然有人願意出一千元來買這塊石頭。」

當禪師聽完學僧的話之後，什麼也沒有說，而是讓學僧明天再跑到珠寶市場上面去問問價格。結果，讓學僧感到難以置信的是，居然有人願意出五萬來買這塊石頭。由於師父不讓他賣這塊石頭，結果人們看學僧出了五萬還不賣這塊石頭，就繼續往上抬高價格……價格出到十萬元學僧還沒有賣掉，於是就有人開始憤怒了，對學僧說道：「我出三十萬，你賣不賣？或者你自己說一個價錢，只要你肯把這塊石頭賣給我，你說多少錢，我就出多少錢。」但是這個時候學僧還是說道：「我只是問問價錢，並沒有打算賣掉這塊石頭。」可是學僧越這麼說，前來抬高價錢的人反而越來越多。

等晚上學僧回到寺廟之後見到禪師對他說道：「師父，我感覺那些人都瘋了，這只不過是一塊非常普通的石頭，他們居然會出天價來購買。」

當禪師從學僧手中拿回石頭之後，意味深長的說道：「你只要把自己定位成什麼，那麼你的結果就會是什麼。如果你連自己都不敢相信，那麼你的價值也就只能像這個石頭在菜市場裡面一樣，只有很低的價值。」

**☆心靈窗☆**

在這個世界上最可怕的絆腳石就是我們自己，我們只有相信自己，才會尋找到自己前進的方向，只有這樣才會發現自己的特長，生活也會因此才會變得豐富多彩。我們只有做了自己該做的事情，走了自己該走的道路，人生才會變得充實起來。所以，我們要敢於突破自己那顆脆弱的心，並且付諸行動，大膽去追求，你才會擁有與眾不同的人生。

## 不要自暴自棄

☆**智慧語**☆

在順境中修行，永遠不能成佛。——一休

☆**藏經閣**☆

有一位修行僧來到了一位施主家中，見到施主正在用楊枝漱口，而且還把牛黃塗在自己的前額，頭上戴著貝殼，手中還拿著吉祥果，然後把手貼在額頭上，態度看起來是非常的恭敬。

修行僧看見這位施主一副這種打扮，於是非常不解的問道：「你到底在做什麼呢？」

施主很得意的說：「我要扮吉相。」

修行僧接著問道：「那您扮吉相能有什麼好處嗎？」

施主非常高興的對修行僧說道：「這樣以來，我們肯定能夠得到巨大的功德，比如像那些本來該死的，就可以活下來；而那些被捆綁的，就可以得到解脫；經常挨打的，肯定會被寬恕等等。」

當修行僧聽完施主說的話後，笑著說：「如果扮吉相真的能夠得到這麼多好處的話，那倒也是非常不錯的，對了，您的這個牛黃是從哪裡來的啊？」

「牛黃當時是我從牛肚子裡取出來的。」施主說道。

「如果你塗上了這個牛黃，就可以得到吉祥和祝福的話，那麼牛為什麼反而會被人用繩子綁著，鏈子把鼻孔穿上，最後讓牛去拉車或者是被人們騎呢？」

施主聽完後點頭說道：「是的，牛確實是過著這樣的生活。」

「牛本身就有了代表吉祥的牛黃，可是它都救不了自己，這又是為什麼呢？」修行僧見到施主百思不得其解，於是就進一步的開解說道：「牛的胸前面都是牛黃，但是卻不能夠解救自己的痛苦，而你只是在自己的額頭上擦了一些牛黃，又怎麼能夠讓自己擺脫困境呢？」

當施主聽完修行僧的分析之後，覺得非常有道理，也就不再說話了。

修行僧這個時候又開始問他了：「這種白色的硬物是什麼東西，而且它還能吹出好聽的聲音，這是從哪裡來的？」

施主回答說：「這是從海裡打撈出來的貝殼。」

修行僧解釋道：「你看看，它顯然是被大海給拋棄到海灘上的，而且又被太陽猛烈的照射，最後窒息而死的。如果是這樣的話，又怎麼能夠說是吉相呢？你看那隻蟲子每天都跟貝殼生活在一起，天天都藏在貝殼裡，但是當它死去的時候，貝殼到頭來也沒有拯救它啊，你現在只是暫時往自己的身上戴上了貝殼，又如何解救得了你自己呢？」

施主一聽，覺得非常有道理，不住的點著頭。

修行僧現在已經知道自己的話把施主打動了，於是修行僧決定要拯救這位施主，所以他繼續說道：「世上的人把它看成是神奇的象徵，非常喜歡的那個果子是什麼啊？」

施主說：「那是吉祥果。」

「吉祥果也是樹上的果實，人們想要得到它，就必須用石頭去投擲，有的時候這個吉祥果就會和樹枝一起掉下來。你想想，正是因為有果實的存在，樹枝和樹葉才會被人們給打了下來，怎麼能夠說它化解了樹枝和樹葉的不幸呢？」修行僧說。

施主聽後又點了點頭。

修行僧繼續說道：「這麼看來，你即使有了它，又怎麼能夠說得上有了吉相可言呢？這個果實雖然長在樹上，但是它自己卻無法保護自己的樹枝、樹葉。當有人要用石頭投擲來取它的時候，落在地上的樹枝和樹葉最後不也被人們拿去當成了柴火了嗎，它連自己都保護不了，又怎麼能夠保護人類呢？」

☆**心靈窗**☆

在這個世界上是沒有一個活生生的東西可以主宰我們的吉凶的，只有追求自強自立才能夠更好的來保護自己，如果把希望完全寄託在別人的身上，那麼最終難免會讓你失望。

## 總有一扇窗為你打開

☆**智慧語**☆

諸惡莫作，諸善奉行；自淨其意，是諸佛教。——七佛通戒偈

一切有為法，如夢幻泡影，如露亦如電，應作如是觀。——《金剛經》

色不異空，空不異色；色即是空，空即是色。——《般若波羅蜜多心經》

☆**藏經閣**☆

佛祖釋迦牟尼經常是四處佈道，最後是聲名遠揚，可是當時的長爪梵志非常不服氣，於是就專門找到佛祖釋迦牟尼要和他辯論，而且還事先約定：「我的觀點如果被你駁倒了，我就會砍掉自己的腦袋，再也不會來打擾你了。」

當佛祖聽完這句話後，很平靜的問他：「那麼你觀點的大概意思是什麼呢？」

於是長爪梵志把自己的頭昂得高高的，非常驕傲的說道：「我是一個喜歡懷疑的人，我不可能接受任何觀點。」

佛祖釋迦牟尼聽完長爪梵志的觀點後開始感嘆這世間眾生的迷惑和執著，而且還帶著慈悲而憐憫的眼神注視著長爪梵志，問道：「這個觀點你接受嗎？」

長爪梵志一時還沒有反應過來，以為佛祖再敷衍他，於是就生氣的拂袖而去。

當長爪梵志走到半路上，突然醒悟過來了，並且對他的弟子們說：「哎呀，我已經輸給佛祖了。我應該說話算數，我現在要回到佛祖那裡去，砍頭以向他謝罪。」

當時長爪梵志的弟子們都紛紛勸告道：「師父，您英明一世了，也算是很有名了，何必又要因為這樣一件小事就選擇放棄自己的生命嗎？」

長爪梵志感嘆道：「世俗的這點名氣又算得了什麼呢？我寧可在智者的面前砍頭，也不願意在愚人的面前取得勝利。佛陀是真正擁有大智慧的人啊！」

當時長爪梵志看著弟子們疑惑的樣子，於是對弟子們解釋道：「我的懷疑論觀點本身就是自相矛盾的，我說不接受一切觀點，但是這本身就是一個觀點，我不是已經接受了嗎？我又怎麼能說不接受一切觀點呢？我在此之前和天上的很多修行者都進行過辯論，當時沒有一個人能夠發現這其中的漏洞，只有佛祖和那些大菩薩們發現了它的矛盾所在。」

於是長爪梵志最後帶著他的弟子們回到了佛祖釋迦牟尼那裡，為自己當初的狂妄向佛祖請罪，佛祖當然是不會砍他的頭了。最後長爪梵和他的五百弟子就一起皈依了佛祖釋迦牟尼，出家為僧，最後都得到了阿羅漢的果位。

**☆心靈窗☆**

其實有很多人在一開始的時候，不是不能一心向道的，甚至很多人都是抱著一種驕傲和狂妄的心理，但是最後他們都受到了世間真情的感化，開始一心向善，成為了一個好人。

## 精神總是要先勝利的

**☆智慧語☆**

一切眾生，皆具如來智慧德相，但因妄想執著，不能證得。——《華嚴經》

菩薩有一法。能斷一切諸惡道苦。何等為一。謂於晝夜常念思維。觀察善法。令諸善法。念念增長。不容毫分。不善間雜。是即能令諸惡永斷。善法圓滿。——《十善業道經》

☆**藏經閣**☆

很久以前有一位挑水禪師，他學識淵博，精通禪理，曾經在好幾個禪院裡面當過住持，而且只要一有時間，他就會親自出門雲遊，到全國各地去講法，效果很好。

有很長一段時間，他在一個禪院裡面當住持，因為他的名氣太大了，所以很多信徒和學僧都趕了過來，禪院一時間可以說是門庭若市。但是很多人都只是慕名而來，對禪本身根本就了解的不是很深，所以到了後來就有很多人受不了禪院那種清苦的生活，有的學僧開始抱怨，而有的學僧則開始偷偷出去吃喝玩樂。

當挑水禪師知道了這一情況以後，就對這些不守規矩的學僧說道：「你們與其這樣身在禪門，心在紅塵，既不能體會到禪的快樂，更不可能體會到俗人的快樂，你們還不如還俗呢，真正的去享受作為俗人的快樂。你們現在誰想走，可以提出來，我絕對不會為難大家的。」當挑水禪師說完這些話，真的有一些學僧回房去收拾東西了，他們選擇了半途而廢，選擇了離開。

就這樣沒過幾天，挑水禪師也辭去了寺院裡的職務，不知道到哪裡去了，好長時間都沒有人知道挑水禪師的蹤跡。

時間一晃就是三年，有一天，挑水禪師的弟子在一座橋下面從一群乞丐當中認出了自己的師父，於是弟子立即過去請求挑水禪師指導自己。

而挑水禪師非常明確，甚至是用苛刻的語氣對他說：「你根本就沒有資格接受我的指導，我的條件是非常苛刻的，你還是趕緊走吧。」

而這位弟子卻堅定的說：「我要怎麼樣才能得到您指導的資格呢？您把您的要求告訴我，我一定做到。」

於是挑水禪師看到這位弟子這麼堅定，就對他說道：「那好吧，我先暫時收留你，你這樣，先和我在這個橋底下住幾天，我再考慮考慮該如何指導你。」

之後這名弟子就脫下了自己乾淨的僧衣，隨便撿了一些破爛的衣服穿上，把自己裝扮成了乞丐的樣子，開始與挑水禪師過起了乞丐的生活。

在第二天的下午，一群乞丐中的一個乞丐死掉了，挑水禪師於是在半夜的時候和這名弟子把這位死去的乞丐抬到附近的山上給埋掉了。當完事之後，又回到了橋下他們休息的地方。挑水禪師倒頭便睡，鼾聲如雷，一直到天亮。可是這位弟子卻怎麼也睡不著，他思緒萬千，於是就迷迷糊糊的一直熬到了天亮。

當挑水禪師醒來以後，舒舒服服的伸了一個懶腰，興致勃勃的對弟子說：「昨晚你睡的還好吧？」不等弟子回答，挑水禪師又自己說起來了，「太好了，今天我們可以好好休息一天了，昨天那位死去乞丐的吃的一定還在這裡，我們可以接著吃，你快點過來，趕緊吃早飯吧。」

於是挑水禪師一邊津津有味的吃著，一邊把食物分給這位弟子。雖然弟子已經是饑腸轆轆，但是看見這骯髒的碗盤，真的是一點胃口都沒有。

當挑水禪師看到這樣的情景以後，就對弟子說：「我之前沒有說錯吧，你是無法跟我學習的。這裡的美味你是無法享受的，你還是回到你的人間去吧！請你不要把我的住處告訴別人，因為天堂淨土的人是不希望被別人打擾的。」

於是這位弟子哭著跪下來，對挑水禪師說道：「老師，您保重吧！弟子確實沒有資格跟您學習，因為您所說的天堂，弟子是實在無法領會啊。」說完，這位弟子就離開了。

☆**心靈窗**☆

什麼是天堂淨土？它在哪裡？其實它就在我們自己的心中。心中就是天堂。蓮花，出淤泥而不染，最終開出了世間最美麗的花朵。我們每一個人，更是有著思想，有著情感，只要我們在生活中不斷磨練自己，也一定能夠開出最美的人生之花。

## 你不要被一時的不順所埋沒

☆**智慧語**☆

身外的環境，要天天清理和打掃，心的境界要經常清淨，社會環境的環保也是心境的環保。——慧緣禪師

☆**藏經閣**☆

從前有兩個人從鄉下來到城市，幾經磨難，終於賺到了很多的錢。後來這兩個人的年紀大了，他們就決定回到鄉下安享晚年。可是在他們回家的路上，佛祖假扮成了一位白衣的老人，手裡拿著一面銅鑼，在那裡等著這兩位老人。

這兩位老人看見佛祖後問道：「您在這裡做什麼呢？」

佛祖說道：「我是專門幫人敲最後一聲銅鑼的人。現在我告訴你們，你倆每個人還有七天的時間可以活，到了第七天黃昏的時候，我會拿著銅鑼到你們家的門外面敲鑼，當你們聽到我的這一聲銅鑼聲的時候，你們的生命就結束了。」

佛祖說完之後就消失了。

這兩個人聽完佛祖的話之後，都愣住了。沒有想到自己在城市裡面奮鬥了這麼長時間，辛辛苦苦賺了這麼多錢，本來打算回來享福的，可是沒有想到自己還剩下七天的日子可以活了。」

當兩個人各自回家以後，第一個人從此以後就開始不吃不喝了，他每天都在想：這到底該如何是好呢，只剩下七天時間了。於是他就開始垂頭喪氣，整天都是面如死灰，什麼事情都不敢做，一天到晚就想著老人第七天要來敲銅鑼的事情。

就這樣，他一直等到第七天黃昏的到來。到了第七天，他整個人就好像是洩了氣的皮球。終於，那個老人來了，拿著銅鑼站在他的門外面，「鏘」的敲了一聲。這個人一聽到鑼聲，他就立刻到了下去，死了。他為什麼會這樣呢？就是因為他一直在等待著這一聲，等到了，他也就死了。

但是第二個人和第一個人的心態完全不一樣。他想：真是太可惜了，自己賺了這麼多的錢，現在只有七天的時間可以活了。我從小就離開了家鄉，到現在也沒有給家鄉做過什麼貢獻，我應該把這些錢拿出來，分給家鄉的窮人們，為家鄉做點貢獻。

於是，他就把自己所有的錢都分給了貧窮的人，為家鄉又是修路，又是建橋的，他光是處理這些事情都忙的不可開交了，哪還能想得起來七天之後銅鑼聲的事情呢。

等到了第七天，他把自己所有的財富都分給了別人，村民們都非常的感謝他，於是就請了銅鼓戲來到他家的門口慶祝，場面是非常的熱鬧，又是舞龍，又是舞獅的，還放了很多的鞭炮，晚上還放起了煙火。

到了第七天的黃昏，佛祖還是出現了，在他的家門外面敲了銅鑼。他敲了好幾聲，但是這個人根本就聽不到，佛祖這個時候才知道，再怎麼敲也沒有用了，所以只好走了。

結果這個人過了很長時間才想起來有一個老頭在第七天的時候要來敲鑼的事情，自己在心裡還琢磨呢，「這都幾天了，怎麼還沒有來？」

☆**心靈窗**☆

俗話說：「哀莫大於心死。」當一個人處於心死絕望的時候，那是誰也都拯救不了的。但是如果一個人能夠積極與命運抗爭，展現自己樂觀積極的一面，敢於承擔眼前的一切，不為以後的事情擔心，那麼心中自然可以釋懷。

## 車到山前必有路，對挫折來個「快速反擊」

☆**智慧語**☆

放下過去的煩惱，不擔憂未來，不執著現在，你的內心就會平靜。——一休大師

☆**藏經閣**☆

有一天，有一位信徒找到一休大師說：「大師，我想要自殺，請您超渡我吧。」

一休大師聽完後問道：「施主，您能否告訴我為什麼你要選擇自殺呢？」

「不瞞大師您，我做生意失敗了，在外面欠了很多的錢，天天都有債主上門來找我要錢，我被逼得生不如死，我現在已經走投無路了，所以我想一死了之。」信徒回答道。

「施主，難道你除了死，就沒有想過別的什麼辦法嗎？」一休大師問。

這個時候信徒表情變得更加痛苦了，說道：「大師，我現在除了還有一個年幼的女兒外，別的什麼都沒有了。」

一休大師聽完之後面露喜色，說道：「哦，太好了，我有辦法了。施主你可以把你的女兒嫁給一個富人，找一個人乘龍快婿，幫你還錢啊。」

信徒非常失望的說道：「大師，您真會開玩笑啊，我的女兒今年才八歲，怎麼可能現在就嫁人呢？」

一休大師說道：「怎麼不可能呢？施主你可以將你的女兒嫁給我啊！我來做你的女婿，幫你還債啊。」

信徒聽完之後大驚失色的說道：「這是萬萬使不得的，你是出家人啊，怎麼可以做我的女婿呢？」

當時，一休大師胸有成竹的擺了擺手，說道：「好了，好了，我已經決定了，施主你現在就趕緊回去宣布這件事情吧，等到迎親那天，我一定會到施主家裡去做你的女婿，幫你還債，好了，好了，您趕緊回去吧！」

這位信徒對一休大師是非常的敬重，於是回家之後就立即宣布了這件婚事。

這個消息一經傳出便震驚了小鎮上所有的人，等到迎親那天，看熱鬧的人簡直是人山人海，把信徒的家給圍得水洩不通。

等到一休大師到達以後，就吩咐信徒在門前搬一把椅子，放上文房四寶，自己寫起來了書法。

看熱鬧的人看見一休大師的書法寫得很好，就開始爭搶著購買，反而忘記了今天是一休大師給信徒做女婿的日子，當然大家也都忘記了來到這裡的目的。

結果一整天一休大師都在忙著寫書法，看熱鬧的人一直在瘋狂的購買，很快錢就堆滿了幾大籮筐。

這個時候一休大師問信徒：「這些錢夠你還債了嗎？」

信徒驚喜的跪在地上說道：「夠了，夠了。大師，您可真是神通廣大啊，一下子就賺到了這麼多的錢。」

一休大師這個時候拂袖說道：「好了，既然施主你的問題已經解決了，那麼我也就不做你的女婿了，還是做回你的師父吧！」

☆**心靈窗**☆

在生活中，我們應該多動腦筋，善於利用自己的智慧來解決遇到的問題，能夠變被動為主動，千萬不要坐以待斃。俗話說：「車到山前必有路，船到橋頭自然直」，只要我們願意想辦法，就一定能夠克服困難，解決問題。

## 學會幽默的看待問題

**☆智慧語☆**

你永遠要寬恕眾生，不論他有多壞，甚至他傷害過你，你一定要放下，才能得到真正的快樂。

——淨空法師

**☆藏經閣☆**

很久之前的一天，大明寺的樂曾和尚去化齋，剛剛走出寺院的大門沒有多遠，就一腳踩上了小孩子拉的屎。面對這麼倒楣的事情，他卻哈哈的笑了起來。

當時與他同行的其他僧人看了覺得非常奇怪，就問他在笑什麼呢？他說：「我今天肯定會遇到好運的，我今天化緣一定會非常的順利，因為我剛剛一出門就踩了一腳的軟黃金。」他這麼一邊說著，一邊眉開眼笑的蹺腳走進了附近的麥田裡，將自己腳上的髒物全部都抖落在了麥田裡面，嘴裡還自言自語的說道：「這可真是軟黃金啊。」

還有一次，樂曾和尚在打掃寺院的時候，樹上面的一隻小鳥拉了一泡稀屎，結果正好不偏不正的落在了樂曾和尚的頭上。當其他的僧人看到之後，都開始埋怨樹上的這隻小鳥，但是樂曾和尚卻樂呵呵的說道：「天底下這麼巧的事情居然會落在了我的頭上，看來我這一顆光頭還真的是非同一般啊，我可要好好的開發和利用。」

當時，其他的和僧聽了樂曾和尚這句話以後，都被他的幽默給逗樂了。這個時候只見他仰頭對小鳥說道：「以後可不要再開這樣的玩笑了，如果沒有人在場的時候倒是可以，不然的話，下次我就只能騰雲駕霧去追你了。」

當然，又有一次，樂曾和尚去外地要住持一個大型的法會。可是當他快趕到地點的時候，突然天上下起來的大雨，雨很大，參加法會的人們都暫時離開了露天的會場，紛紛到附近的房屋裡面去避雨了。

可是，只有樂曾和尚迎著暴雨健步走上了法台，任憑瓢潑大雨把自己淋個痛快。不僅這樣，樂曾和尚還把自己的衣服脫了下來，一副要淋浴的架勢，樂呵呵的享受起來了。等到大雨過後，人們都趕過來問樂曾和尚為什麼不去避雨，樂曾和尚笑著說道：「這大雨可是老天為祝賀我們的法會而賞賜給我們的禮物啊，這就是求之不得的天浴啊。」

☆**心靈窗**☆

快樂是一種心境，快樂的心情應該由我們自己做主。一個人要懂得快樂、知道享受，無論遇到了什麼困境，都要懂得隨遇而安，能夠從中找到讓我們快樂的理由，把問題看得簡單點，幽默點，從而讓我們的身心留下一片爽朗。

## 不要被霉運弄得情緒低落

☆ **智慧語** ☆

所謂看開人生，絕不是悲觀，而是積極樂觀；不是看破，而是看透；並非什麼都不做，而是及時去做。——老和尚

☆ **藏經閣** ☆

相傳，在一心大師剛剛遁入空門的時候，他在法門寺裡面參禪修行。

法門寺可是一個大型的寺廟，香火非常旺盛，每天到這裡來的燒香和還願的人總是絡繹不絕，這裡顯然不是參禪者所說的那種萬丈紅塵之外的地方。

一心大師只想靜下心神來參禪修道，從而能夠提高自己的心靈境界，可是由於寺廟裡的法事和應酬太多了，根本就沒有多少時間可以誦經。而且，一心大師漸漸發現，儘管自己已經潛心研究了佛經這麼多年，但是始終覺得自己的火候還不到，和寺院裡面其他人相比還相差很遠。

身邊有人勸一心大師說：「法門寺是一座大寺廟，可以說是名滿天下，藏龍臥虎，如果你想在這裡面出人頭地是很困難的，還不如到一些地理位置偏僻的小寺院去參禪修行呢，說不定還能夠得到大的收穫。」

一心大師覺得這句話說得很有道理，至少他自己已經對現在的生活感到厭倦了，於是，他就鼓起勇氣向師父道別，打算離開法門寺了。

當方丈知道了一心大師的想法，明白了他的意圖以後，於是就問他：「你覺得太陽和火燭哪個更亮一些呢？」

這時一心大師恭恭敬敬的回答說：「當然是太陽了。」

「那你是願意做燭火，還是做太陽呢？」方丈笑著問道。

一心大師不假思索的說道：「當然是願意做太陽了。」

當方丈聽完一心大師的話以後，笑著說：「好吧，既然你想要當太陽，那麼就跟我到寺廟後面的樹林裡面去走一趟吧！」

在法門寺的後山上是一片鬱鬱蔥蔥的松林。當方丈帶著一心大師穿過松林到達山頂的時候，這裡只有一些灌木和零星的幾棵松樹。

方丈於是指著其中最高的一棵松樹對一心大師說：「你看看，它是這裡最高的一棵松樹，但是它能夠做什麼呢？」

一心大師仔細看了看這棵松樹，發現這棵松樹雖然很高大，但是由於樹幹扭曲，枝葉長得很亂，根本就沒有什麼用場，於是他說道：「像這樣的樹，沒有什麼特別大的用處，我覺得只能用來當柴火燒了。」

方丈聽完之後，沒有再說什麼了，於是就帶著一心大師又來到了另外一片樹林，這裡的樹木長得都很茂盛，每棵樹都長得是筆直參天。當人剛走進去以後，就能夠感到一股無形的力量。

方丈指著眼前的這片林子，問道：「你知道，為什麼眼前的這些樹都筆直參天呢？」

一心大師想了想回答道：「大概這些樹木是為了獲得更多的陽光吧。」

方丈這個時候語重心長的說道：「芸芸眾生，莫不如此，像這些松樹為了爭得一滴雨露，一線陽光，都奮力向上，積極的努力，所以長得茁壯挺拔。而那些遠離群體的樹木，因為沒有這種努力的需要，所以才會亂生枝節。」

等一心大師聽完方丈的話以後，終於明白了方丈的用意，慚愧的說道：「師父，我終於明白了，法門寺就是我的這片樹林。」

後來，一心大師潛心苦修，終於成為了一代名僧。

☆**心靈窗**☆

因為害怕而希望得到避風港的人，是永遠無法攀登到人生的最高峰的。人在成長的過程中，總希望找到一個最佳的環境，但是，人的成長是離不開磨練的，所以不管我們處於多麼惡劣的環境，都不要輕易選擇屈服，如果你不能夠把困難征服，那麼到頭來只能被困難打倒。

# 第四章　淡泊一點，看淡名利知足常樂心自寬

## 不要讓忙忙碌碌的生活毀了你的幸福

☆ **智慧語** ☆

我在寺院空地上灑了些蜜，許多蒼蠅趕來，因捨不得走被蜜黏住了腳，再也飛不起來，貪婪是許多災禍的根源。——無德禪師

☆ **藏經閣** ☆

無德禪師曾經收了很多年輕的學僧，而且還告訴他們必須把所有的俗念都忘掉，能夠做到「色身交予常住，性命付給龍天」。否則山門是不會容納他們的。

但是學僧們卻沒有嚴格的要求自己，有的學僧是好吃懶做；有的學僧是貪圖享樂；有的學僧總是不能靜下心來，而是天天想著山門外面的花花世界。

面對這種情況，無德禪師無奈之下就只好把這些學僧召集起來，希望可以度化他們。於是無德禪師對學僧們說：「我會給你們講一個故事，如果聽完故事之後你們還是不知道悔改的話，那麼就請你們自動離開吧。」說完後無德禪師也就開始講下面的這個故事了。

曾經有一個人死後，他的靈魂來到了一個陌生的地方。剛一進門，司閽就問他：「你喜歡吃什

麼?你喜歡玩嗎?你討厭工作嗎?」

這個人說：「我喜歡吃喝玩樂，不喜歡做任何事情。」

司閽說：「那好吧，這裡正是你最好的歸宿。這裡有很多誘人的美食，你可以隨意吃喝；也可以在這裡無憂無慮的睡覺，不會有人打擾你；當然這裡還有很多豐富的娛樂活動，能夠讓你每天盡情的玩耍。」

這個人聽完司閽的話後非常高興，就心甘情願的留了下來。

就這樣，很快三個月的時間過去了，這個人漸漸厭倦了這樣的生活，於是就著急跑去見司閽，對司閽說道：「這種日子實在是太沒有意思了，因為玩的太多了，我已經沒什麼玩的興趣了；由於吃的也太好了，我現在的身體開始不斷發胖，行動起來都感覺很不方便了。由於一天沒有什麼事情，我就經常睡覺，現在我的頭腦已經變得越來越遲鈍了。您還是給我找一份工作吧?」

司閽這個時候笑了笑說道：「實在是非常的抱歉，我這裡是沒有工作的。」

沒有辦法，這個人就這樣回去了。很快三個月的時間又過去了，這個人實在是受不了了，於是就又跑去找司閽：「這種日子我實在受不了了，不想再過下去了，如果沒有工作，沒有事情做，那麼我寧願去死。」

司閽聽完之後哈哈大笑：「你現在才明白啊，這裡就是地獄啊。在這裡能夠讓你失去理想、創造力，讓你沒有了前途，沒有了希望，你的意志力也會變得非常的消極，當然人格也就會漸漸腐化了。你忍受的這種心靈上的煎熬，其實比上刀山下油鍋的皮肉之苦更難受。

☆**心靈窗**☆

人生的意思不是享福，而是經歷實現夢想的過程，經歷通向幸福的過程。所以，有夢想、有創造、有挑戰、有目標的人生才是幸福的人生。因為生活本來就是幸福的，不要對生活賞賜給你的痛苦和快樂有所抱怨，要認真而健康的生活、工作。

## 金錢並不意味著生活的全部

☆**智慧語**☆

心中有花，眼中有花，口中有花。——老禪師

☆**藏經閣**☆

有一天傍晚，兩個非常要好的朋友在樹林中散步。這個時候，有一個小和尚從對面驚慌失措的跑了過來，兩個人見狀就趕緊攔住小和尚問道：「小和尚，你為什麼這麼驚慌啊，到底是發生了什麼事情？」

小和尚這個時候忐忑不安的說道：「我在移植一棵小樹的時候，從地裡面發現了一壇金子。」

兩個人這個時候都暗自竊笑，心想：「你這個和尚真是愚蠢啊，挖出了黃金還被嚇得魂不附體的，這不是好事嗎，有什麼怕的，真是好笑。」然後他們就問道：「你是在哪裡挖到的金子啊，告訴我們吧，我們不害怕。」

小和尚說道：「你們還是不要去了，這個東西有毒，會吃人的。」

結果兩個人異口同聲的說道：「我們不怕，你趕快告訴我們黃金在哪裡吧。」

於是小和尚就告訴他們具體的位置，兩個人飛快的跑進了樹林，果然在小和尚說的地方找到了黃金。他們看到後也是非常吃驚，好大的一罎子黃金。

過了一會兒，其中一個人對另一個人說：「我們現在要是把這麼多的黃金運回去，肯定不安全，還是等到天黑的時候再說吧。現在我留在這裡看著，你先回去弄點吃的來，我們在這裡吃完了飯，等到半夜的時候再把黃金運走。」

於是，另外一個人就回去準備飯菜了。

留下的人心想：如果這些黃金要是歸我該多好啊。我還不如等他回來的時候一棒子把他打死，那麼這些黃金不就歸我了嗎？

回去拿飯的人心裡也想：我回去先吃了飯，然後再往他的飯裡下一些毒，那麼他這麼一死，黃金不是就全歸我的了嗎？

於是，回去的人提著飯菜剛到樹林的時候，就被另一個人從背後用木棒狠狠的打了一下，當場就死了。然後，這個人又拿起了飯菜，開始狼吞虎嚥的吃了起來。但是沒過多久，他就覺得自己的肚子像火燒了一樣，這個時候他才知道自己中毒了。

他在臨死之前想到了小和尚說過的話，心中不禁暗自後悔：小和尚的話真的是應驗了，我當初怎麼就沒有想明白呢？

這樣的教訓不只一個。

在一間很破舊的屋子裡面有一個窮人，他窮得連床都沒有了，只好躺在一張凳子上面。這個時候窮人自言自語的說：「我真的想發財啊，如果我發了財，我是絕對不會做吝嗇鬼的。」

就在這個時候，佛祖在窮人身邊出現了，說道：「好吧，我會讓你發財的，我將給你一個充滿魔力的錢袋，這個錢袋裡面永遠都會有一枚金幣，是拿不完的。但是你一定要記住，在你覺得夠了的時候，要把錢袋丟掉才可以開始花錢。」

說完，佛祖就消失了。這個時候在窮人的身邊真的出現了一個錢袋，裡面裝了一枚金幣。當窮人把這枚金幣拿出來之後，裡面又出現了一枚。

於是，這個窮人就開始不斷的往外拿金幣，窮人拿了整整一個晚上，金幣已經有一大堆了，他想：啊，太好了，這些錢已經夠我用一輩子了。

可是到了第二天，窮人餓了，他想去買麵包吃，但是在他花錢之前，必須要丟掉那個充滿魔力的錢袋。可是當他每次想要把錢袋丟掉的時候，他又覺得自己的錢總是不夠多。

於是，他不吃不喝的拿著金幣，金幣已經要把房間都裝滿了，同時，他也變得又瘦又弱了，頭髮也變白了，臉色變得蠟黃。

日子就這樣一天天的過去了，窮人現在絕對可以去買吃的、房子，買最豪華的車，可是，他仍然很虛弱的說道：「我不能把錢袋子丟掉，因為這樣我才能得到更多的金幣。」

終於，窮人就這樣倒下了，他守著一大堆的金幣，最後死在了自己的破屋子裡。

☆**心靈窗**☆

對於有的人來說，利益是無法分享的，而且永遠都是無法自我滿足的。不單單是金錢，還包括名聲、各種物質利益。人的貪念一旦浮起，是很難再沉下去的，但是，為了這些東西，不惜拋棄尊嚴、人性，讓自己深陷欲望的陷阱當中是很不明智的。

## 以平常心對待權錢

☆**智慧語**☆

修行如彈琴，弦太緊會斷，弦太鬆彈不出聲音，中道平常心才是悟道之本。——星雲大師

☆**藏經閣**☆

雪竇禪師是宋代人，他和當時一位叫曾會的著名學士關係非常好。

有一天，兩個人在淮水邊偶然相遇了。曾會關心的問道：「禪師，你這是要到哪裡去啊？」

雪竇禪師回答說：「雲水僧四海為家，沒有固定的去處，到西湖去可以，到華山去也可以。」

曾會說：「雪竇禪師您如果想要去靈隱寺的話，我可以把你介紹給該寺的方丈珊禪師，他是我的方外之交，一定能好好的招待你。」

於是，雪竇禪師拿著曾會的信函前往靈隱寺。等到了寺廟內，他便掛單住進了雲水堂，但是他並沒有把曾會的信函交給當時寺廟的方丈珊禪師。雪竇禪師就和普通僧人一樣，過著寺廟裡面清苦

的生活，每天都是上殿、過堂、參禪、早起早睡，就這樣一轉眼三年時間過去了。

到了第四年的春天，曾會因為公事來到了浙江，順便就去靈隱寺看望雪竇禪師。可是當他問遍了寺廟裡的僧人，幾乎沒有一個人知道雪竇禪師，甚至連方丈珊禪師也不清楚雪竇禪師到底是誰。

曾會想了想，索性自己去找吧。於是他就親自到各個僧房去找，靈隱寺裡面的僧人大約有將近一千人，他一個一個的認，最後終於找到了。於是他便問雪竇禪師道：「你在這裡住了這麼長時間了，你怎麼不去拜見一下珊禪師呢？你是不是把我給你的信函給弄丟了？」

雪竇禪師聽後說道：「我本來就是一個雲水僧，可以說是一無所求，怎麼可能去打擾別人呢？」他說著，就從懷裡拿出了曾會當年為他寫的信來，兩人對視之後哈哈大笑起來。

無獨有偶，善慧禪師也曾經以同樣的心態來看到名利和權勢。

有一天，善慧禪師在講經的時候梁武帝來了。大家都急忙起身迎接，而善慧禪師卻端坐著並沒有動。於是，梁武帝的一位侍者趕緊跑過來對善慧禪師說道：「聖駕在此，你為什麼不起身迎接聖駕呢？」善慧禪師很坦然的回答說：「法地如果動搖的話，一切都會不安的。」

根據帝王的尊嚴，聖駕一到大家都是要起身來迎接的，這是為了維護封建等級制度的尊嚴，但是這卻不是佛場中的事情。因為從梁武帝來看，他本身是不懂佛法的，或者說是不信佛法的，那麼他之所以標榜佛法，就是想從佛那裡得到好處，其實這僅僅就是一種交易罷了。

☆ **心靈窗** ☆

人人生而平等，本身並無貴賤，只是在出現貧富差距、階級制、君主制的時候，生命才被迫加上了砝碼。人人平等就是一種平和的心態，如果想要世界平等，人人公正，那麼就應該從自身上認為它們是平等的。

## 欲望小一點，幸福就多一點

**☆智慧語☆**

無求便是安心法，不飽真為卻病方。——如來佛

**☆藏經閣☆**

從前，有一個人跑去向如來佛訴苦，因為他覺得這個地球住起來讓他感到非常的不舒服，他說他想要住在一個有珍珠門的天國。

如來佛剛開始的時候指著天上的月亮給他看，問他說：「那不就是一個很好玩的玩具嗎？」他看了之後搖了搖頭。他說他不喜歡看見月亮。接著，如來佛指著那些遙遠的青山，問他道：「這些輪廓不是很美麗嗎？」他說這些東西太平凡了，沒有什麼感覺。後來，如來佛指著蘭花和三色花的花瓣給他看，叫他用手指去撫摸那些柔潤的花瓣，問他說：「你沒有發現它們的色澤很鮮豔嗎？」

「不。」這個人說道。

這時，具有無限耐性的如來佛把他帶到了一個水族館裡面，指著那些魚的顏色和形狀給他看。可是，那個人對此也不感興趣。

後來，如來佛把他帶到了一棵枝繁葉茂的樹木下面，這時一陣陣涼風向他吹來，如來佛祖問他道：「你還不能感受到其中的樂趣嗎？」那個人卻說道：「我覺得這也沒有什麼意思。」

緊接著，如來佛又把他帶到了山上的一個湖邊，指給他看水裡的光輝、石頭的寧靜和湖泊中的美麗的倒影，還讓他聽大風吹過松樹的聲音。可是這個人卻說，他還是不能夠感受到興奮。

如來佛認為眼前這個人可能是他的性情不是很柔和，所以需要一些比較興奮的景色，所以，如來佛又把他帶到了喜馬拉雅山頂，到了長江三峽，到了那些有鐘乳石和石筍的山洞裡，到那些正在噴發的火山口，到那些有沙丘和仙人掌的沙漠裡，到長白山的雪地，到黃山上的花崗石峰，問他：「你看看，上天難道沒有盡力把這個地球做得很漂亮嗎？你看看這些景色是多麼的壯觀和漂亮啊。」可是這個人還是在吵著要求有一個珍珠門的天國，而且還說：「這個地球即使這樣，我住起來還是感到非常的不舒服。」

如來佛這個時候說道：「你真是狂妄不遜、貪心不足啊！這麼美麗的地球給你住你還感到不舒服。那麼非得要我把你送到地獄裡面去，在那裡將看不到浮動的雲和開花的樹，更不可能聽到潺潺的流水，你一輩子都會住在那裡，直到你死去。」

這種人其實是很難滿足的，即使得到了他想要的那個珍珠門天國，不久之後他也一定會感到厭倦的，到那個時候，他又會感到非常的不開心了。

☆ **心靈窗** ☆

不滿足的人即使得到他想要的一切，他仍然是不會滿足的，總會在自己心中生出很多貪念，自己折磨自己不愉快。一個人想要看到觸目之心的美，感受到生命的樂趣，就要放下貪戀。懷有一顆知足的心，我們就會發現處處都是美景，人人都是佛祖。我們要懂得知足，懂得感恩，懂得去發現美麗和善良，這個才是快樂的真諦。

## 切記被名利、誘惑沖昏頭腦

☆**智慧語**☆

名利來時不拒絕，名利走時不沮喪，要讓自己沒有標準。——無際禪師

☆**藏經閣**☆

曾經在大雁山有一位名叫佛光的禪師，他在此修行禪道已經有很長時間了。佛光禪師非常善於講禪法，他在講禪法的時候常常能夠把生活中一些事例與深奧的法理加以結合，然後再用非常簡單的詩偈表達出來。

有一天，有一位信徒從很遠的地方趕來向他請教，問道：「大師，我曾經聽說供養百千諸佛還不如供養一無心道人。我不知道百千諸佛有什麼過失，而無心道人又有什麼德性，為什麼要這麼說呢？」

這個時候只見佛光禪師用詩偈回答說：「一片白雲橫谷口，幾多歸鳥盡迷途。」

佛光禪師接著解釋道：「僅僅是因為天空多了一片白雲，歸巢的鳥兒就連自己回家的路都找不到

了。因為供養諸佛，所以我們的心思全都在佛上面，反而容易導致自己的迷失；可是供養無心道人，卻可以用無心無念而超越一切。當然，百千諸佛固然沒有錯，可是更難能可貴的是無心道人能夠非常清醒的認識自己。

接著信徒又問道：「既然寺院都是清淨之地，為什麼我們還要在這裡面敲打木魚和皮鼓呢？」

佛光禪師聽完之後仍然用詩偈來回答他：「直須打出青霄外，免見龍門點頭人。」清淨的寺廟之所以要敲打木魚和皮鼓，當然是有更深一層的道理了。

魚在水中游的時候是從來不會閉眼睛的，所以敲打木魚就是告訴大家要勤奮修練，永遠不能夠倦怠；而打鼓是為了更好的來警示世人，也用來消災增福。

聽完佛光禪師的回答以後，信徒又問道了：「在家也可以學習佛道啊，為什麼還要出家，並且穿上僧服呢？」

佛光禪師繼續用詩偈來回答，吟道：「孔雀雖有七色身，不如鴻鵠能高飛。」在家修行當然也很好，但是不如出家修行這麼專心致志，你看看孔雀的顏色雖然非常豔麗，可是它永遠比不上能夠高飛千萬裡的鴻鵠。

信徒聽完之後頓時悟出了其中的道理。

☆ **心靈窗** ☆

在我們的周圍充滿了各種各樣的機會和誘惑，所以我們一定要銘記用心來掌握住自己的前進方向，萬萬不可被一些所謂的表面假像所迷惑，從而迷失了自己的前途。

其實很多名利都是身外之物，生不帶來死不帶去，如果想依靠這些名利獲得快樂終究是不會長久的，而真正的寶藏就藏在我們的心中，只要我們用心發現，它一定會成為我們一生中最寶貴的財富。

## 看淡名利你會活得更灑脫

### ☆智慧語☆

身外的環境要天天清理和打掃，心的境界要經常保持清淨。我們要做好社會環境的環保，也要做好心境的環保。懺悔是心靈的慰籍，也是精神垃圾的大掃除。——慧緣禪師

### ☆藏經閣☆

大約在西元二世紀的時候，月氏人建立的國家北印度是中亞地區的一個強大的國家。在它的領土之內，達摩蜜多的名字早就盛傳起來了。人們都知道他是一位非常著名的高僧，可以說是神通廣大。達摩蜜多當時隱居在賓山的一個石窟裡面，但是達摩蜜多到底長什麼樣子卻很少有人見過。

達摩蜜多的名字最後被傳到了國外，在南印度地區也流傳開來了，於是就有兩位南印度的比丘不畏艱險，長途跋涉，來向達摩蜜多求救。

達摩蜜多所居住的山洞總共有三層：上，中，下。當兩位比丘來到下洞的時候，只見到有很多的比丘正在打坐著，勤奮修習。在下洞裡面有一位長相醜陋的老和尚，衣服穿的非常破爛，正坐在火堆前面為眾僧燃火，驅寒取暖。於是兩位比丘跑到這位老者身邊，問道：「您好，達摩蜜多在嗎？」

老和尚聽完之後說道：「在第三層的上洞裡，你們上去見他吧。」

當兩個比丘來到上洞的時候，果然看見一位老僧在洞中端坐無語，狀如高僧，只是他的相貌非常的醜陋，衣服是又髒又破，與下洞剛才正坐在火堆前面為眾僧燃火，驅寒取暖的高僧是一個人。

當兩個比丘一問之下才知道，果然這個人就是達摩蜜多。原來達摩蜜多在接待了這兩位比丘之後，就運氣神足來到了上洞。所以這兩位來訪的比丘對達摩蜜多的神通感到非常的吃驚，而且對達摩蜜多這麼做感到非常的不理解。

兩位比丘問道：「您是世界上非常著名的高僧大德了，你為什麼還自願下賤，替眾位同伴燒火呢？」

當達摩蜜多聽完兩位比丘的疑問之後回答道：「人活一輩子，可以說是苦難一輩子，要想從中解脫是很困難的。為了使同伴們能夠更好的修行，假如腦袋可以點火，我也願意為他們把自己的腦袋點了，不會有一點猶豫。至於為別人燃火這點小事，既然能夠幫助他們修行功德，那又何樂而不為呢？」

達摩蜜多能夠在盛名之下不為所動，自甘卑賤，說明達摩蜜多不僅具有極高的道德修養和寬厚的慈悲善心，當然也能夠更好的說明達摩蜜多成功的處理了地位、權勢、名氣等與自身的關係。

☆**心靈窗**☆

人們常說，金錢權勢如糞土，生不帶來，死不帶去；名氣就好像是虛雲幻影，轉眼成空。但是真正身體力行起來，在芸芸眾生中卻只是寥若晨星了。當一個人在有了地位、權勢、名氣之後，能夠謙虛禮讓，千萬不可心存傲慢，保持原有的生活習慣，做一個追求進取的人並不多，而這才是最能夠受到別人尊敬的人。

## 左手付出，右手得到

**☆智慧語☆**

善有善報，惡有惡報，發心做功德，必得好福報。——慧緣上師

**☆藏經閣☆**

有一個男子坐在一堆金子上面，伸出了兩隻手，在向路人乞討著什麼。這個時候，佛陀走了過來，男子也把自己的雙手伸到了他的面前。

佛陀問道：「孩子，你已經擁有了這麼多的金子，難道你還要乞求別的什麼嗎？」

這位男子嘆了一口氣說道：「唉，雖然我已經擁有了這麼多的金子，但是我還是不能夠滿足，我想要更多的金子，我還想要愛情、榮譽、成功等等。」

佛陀聽完之後，從自己的口袋裡掏出了他想要的一切，都送給了他。

等一個月以後，佛陀這個時候又從這裡經過，再次看到這一位男子坐在一堆金子上面再對路人乞討。

佛陀這個時候問道：「孩子，你所要求的東西都已經有了，難道你還不覺得滿足嗎？」

男子說道：「唉，雖然我得到了很多的東西，但是我還不能夠滿足，因為我還需要更多的快樂和樂趣。」

佛陀聽完之後，又把快樂和樂趣給了他。

時間又過去了一個月，佛陀再一次從這裡經過，看見這個男子又坐在一堆金子上面，向路人伸著雙手。

佛陀再一次問了他同樣的問題。只聽到男子回答說：「我現在還是不能夠感到滿足，老人家，我請求您把滿足賜予我吧。」

佛陀這個時候笑著說：「你需要滿足嗎？孩子，那麼，請你現在開始就學著付出吧。」

佛陀經過一個月以後又從這裡經過，只看見這個男子在路邊站著，他身邊的金子已經沒有剩下多少了，他正把它們一點點的施捨給需要幫助的人。

男子把自己的金子給了那些衣食無著的窮人們，而且把愛情給了那些需要愛的人，把榮譽和成功給了那些曾經慘敗過的人，把快樂給了那些曾經有過憂愁的人，把樂趣給了那些總是麻木不仁的人，現在他已經沒有剩下什麼了。

當他看著人們接過他施捨的東西，都懷著感激之情而離去了，男子笑了。

佛陀這個時候問道：「孩子，你現在感到滿足了嗎？」

「滿足了，滿足了。」男子高興的說道：「原來，滿足就是藏在付出的懷抱裡啊。當初我只想得到很多，以為只有這樣我就能夠得到滿足，可是卻一直沒有如願以償，反而越來越感到不能滿足。

而當我付出的時候，我為我自己人格的完美而感到自豪和滿足，為人們能夠投來更多感激的目光而感到自豪和滿足。真的謝謝您，老人，是您讓我知道什麼才是滿足，什麼才是人生真正的收穫。」

☆**心靈窗**☆

平日裡，我們似乎習慣了獲得，並且只注重從獲得中體驗成功的愉悅和收穫的快樂。可是我們往往忽略了付出為我們帶來的種種美好感覺。其實，當你為他人提供幫助的時候，你就是在幫助自己。因為你在這個過程中，你會覺得自己與別人有一種親密的感覺，而這個時候，他人也就是你的世界，這個「世界」正是由於你的付出而變得美好和快樂。

## 幸福才是人生的最終目標

☆**智慧語**☆

放下是幸福、看開是幸福、持戒是幸福、忍辱是幸福、布施是幸福、合和是幸福、去一相得一分幸福、減一欲得解脫幸福，心在外遊蕩，沒有棲息之所，會佈滿傷痕，心駐於胸間，遮風擋雨，總是恬淡安詳。——老和尚

☆**藏經閣**☆

在一座香火很旺盛的寺廟的橫樑上，有一隻蜘蛛在上面結了一張網。由於這隻蜘蛛每天都受到寺廟裡香火和虔誠的祭拜，所以最後它也有了佛性。在幾千年之後，蜘蛛的佛性更是增加了很多倍。

有一天，佛祖來到了這座寺廟裡，看見這裡的香火如此旺盛，當然心裡非常的高興。在佛祖離開寺廟的時候，他看見了寺廟橫樑上的蜘蛛。於是佛祖停了下來，問這隻蜘蛛：「你我今天能夠相見也算是有緣分，讓我來問你一個問題，看你修練了有一千多年了，這麼長時間有什麼心得體會嗎？」

這隻蜘蛛能夠遇見佛祖當然也很高興了，於是很高興的把自己的心得體會說給佛祖聽。接著佛祖又問道：「你覺得世間什麼才是最值得珍惜的東西？」這隻蜘蛛想了想回答說：「在這個世間最值得珍惜的東西就是『得不到』和『已失去』。」佛祖聽完之後，什麼話也沒有說，就走了。

就這樣，又過了一千年的光景，佛祖又來到了這個寺廟裡，再次問這隻蜘蛛：「一千年前的那個問題，你現在可有什麼更加深刻的認識？」沒有想到蜘蛛的回答和一千年以前是一樣的，於是佛祖說：「你再自己好好想想，我再過一千年還會來找你的。」

又過了一千年，有一天，外面颳起了大風，大風把一滴甘露吹到了蜘蛛的網上。這隻蜘蛛望著甘露，看見它是那麼的晶瑩透亮，非常的漂亮，於是頓生喜愛之心。可是有一天，大風卻把這甘露吹走了，蜘蛛一下子覺得好像失去了什麼。正在這個時候，佛祖來了，問了蜘蛛同樣的問題，結果蜘蛛回答的內容和一千年以前還是一樣的。佛祖說：「既然你一直都是這樣認為的，那麼我帶你到人間去一趟吧，讓你有一段美好的姻緣。」

於是佛祖施法讓蜘蛛在一個官員家裡投胎，成為了一位漂亮的富家小姐，名字叫做靈兒。在靈兒十七歲那年，皇上在後花園準備為新科狀甘路舉行慶功宴，在宴會上有很多美麗的女孩，當然也包括靈兒。

甘路在宴會上表演了詩詞歌賦，大展才藝，很多女子都為之傾倒，但是靈兒卻沒有，因為她知道這是佛祖賜予她的姻緣。

當靈兒與甘路第二次相遇是在寺院，靈兒向甘路表達了自己對他的愛意。然而，甘路卻沒有對她表現出喜歡的意思。靈兒覺得很奇怪，既然是佛祖安排好了的一段姻緣，為什麼甘路對自己一點感覺也沒有。

幾天之後，皇帝就下旨讓甘路與長風公主完婚，而靈兒則是與太子芝草完婚。這對靈兒來講真的就是晴天霹靂。於是靈兒開始整日不吃不喝，最後實在想不通了就打算拔刀自刎。

而在這千鈞一髮的時刻，佛祖來到靈兒的身邊，對她說：「你可曾想過，甘露（甘路）是由誰帶到你這兒來的，是風（長風公主）帶來，最後把他帶走的也是風，甘路是屬於長風公主的。而太子芝草則是你當年寺廟門口的一棵小草，它足足守望了你三千年，可是你卻從來沒有低下頭來看看它。」

此時，靈兒才恍然大悟，對佛祖說：「我明白了，原來是世間最值得珍惜的東西就是把握現在的幸福。」

☆ **心靈窗** ☆

人生最值得珍惜的東西不是「得不到」和「已失去」，而是現在能把握的幸福。在生活中，很多人不懂得珍惜現在，他們被眼前的「俗」所左右著，跟著別人的感覺走，最終，他們什麼也得不到，受傷的還是自己。

## 虛榮心淡一些，生活更加安寧

**☆智慧語☆**

虛榮心很難說是一種惡行，而一切惡行都圍繞著虛榮心而生，都是滿足虛榮心的手段。——達摩蜜多

**☆藏經閣☆**

佛陀曾經因為自己過去積存了足夠的福德而投生在了天界，最後成為了天界的帝王。當時他看到自己以前的朋友還承受著婦人的身形，投身成為了富商的妻子，開始貪戀財寶和權勢，根本就沒有想過世事無常的真理。而這個婦女還坐在市場裡面做買賣，想博取世上的名聲。當看到這樣的情況，佛陀變化成了一個客商，來拜訪那位婦女。

婦人按照慣例招待客人，她請客商坐下來。客商是認識的婦人的，臉上帶著微微的笑意，婦人這個時候也察覺到了，心中感到很驚訝，但是客商沒有一點輕薄的態度，婦人只是覺得客商的笑容好像不是那麼簡單。

當時在婦人的身邊還站著一個孩子，手中敲擊著小鼓，自己尋找著樂趣，客商也認識這個小孩，也對小孩微微的笑著。

當時一個鄰居的父親生病了，於是就想要殺牛祈福祈禱，這個時候便牽過了一頭牛，客商也認識這位牽牛的少年，依然向他默默的笑著。沒過多久，又來了一位鄰居家裡的婦人，手上抱著自己

非常寵愛的小兒子，可是這個小兒子的手裡卻拿著一把刀，結果還不小心劃破了這個婦女的臉，鮮血一下子就流了下來，大家看見都嚇一大跳，可是這位客商還只是微微的笑著。

當這位富商的妻子看到客商一直微笑的表情，感到非常奇怪，於是就問道：「客商，自從您坐到我的面前就一直微笑，看到我的兒子也微笑著，而看到那些鄰居也是在不停的笑，到底是為什麼呢？」

客商回答說：「你是我的好朋友啊，你怎麼忘記了。」

婦人聽完之後非常的不高興，責怪客商這麼沒有禮儀，客商接著說道：「玩弄小鼓的孩子本來是你的父親，在他死後，因為前世的罪孽，於是投胎成了一頭牛，而牛皮又被用來製成了鼓面。當牛被宰殺之後，可以說罪孽已經還清了，於是又投生在人道中，剛好你這個時候懷孕了，於是當了你的兒子，前後相隔一世，他做你的父親又當了你的兒子，你已經不認識他了。你看小孩子手上的小鼓，鼓面的牛皮就是那小孩以前自己身體的牛皮，可是現在他還居然自己敲打玩耍，忘記了痛苦只顧著玩樂了，這樣也就被蒙蔽，以至於看不清本來的情形了。」

「就好像是鄰居家的那個人，因為父親身患病痛，竟然要殺牛去諂媚神明，牛終究會轉變成人的，而父親死後卻會變成牛，兩人對換了彼此的因緣，然後在裡頭開始尋找痛苦和快樂，而這些人是多麼的愚昧啊。」

「我們再看看那位鄰居家的婦人，她的前世是他的大老婆，而那個玩刀子的小孩在前世是他的二老婆。大老婆非常兇悍，愛嫉妒，常常是虐待二老婆。等大老婆死了之後仍然投胎做了別人的妻子，而二老婆則投胎成了大老婆的兒子，於是就用刀割她的臉來報仇，這婦人雖然受苦，但這都是她前輩子造的孽，所以也不能說什麼。」

「人世間的事情沒有永恆不變的，只有業報會永遠追隨一個人的一生，可以說是如影隨形。千萬不要心生愚笨的偏見，應時刻嚴謹持守五戒，盡力去追求解脫。我今天回去了，以後如果有緣分，我們兩個人還會相見的。」說完之後客商就不見了。

婦人聽完客商的話，逐漸頓悟了，於是就慢慢沒有了貪心，改變了之前的華麗，而變得簡樸起來，她開始誠心吃齋，六根清淨，希望客商能夠再來。

幾天之後，佛陀果然又來拜訪了，但是他改變了之前的樣子，讓自己變得非常的醜陋，而且身上穿著又破又爛的衣服，等他來到店外面的時候對守門人說，「我的朋友在裡面，你去把她給我叫出來。」

守門人進去找到了婦人，可是婦人看見之後，卻說：「你不是我的朋友。」這個時候佛陀笑了，說道：「這才過了幾天，你就不認識我了。你還應該勤奮奉行佛的教化，扶正自己的心念。」說完又消失了。

從此之後，婦人就再也不貪戀身外之物了。

☆**心靈窗**☆

人最應該明白的就是自己真正需要什麼，不要因為一時的虛榮而迷失了自己的生活方向。生活中是一種純淨的過程，這個過程是不允許被虛榮與貪婪給玷污的。我們只有時刻保持一個純淨的生活，內心才能安適幸福。

## 看淡名利成敗，方可寵辱不驚

☆**智慧語**☆

心雜染故，有情雜染；心清淨故，有情清淨。——佛經

☆**藏經閣**☆

惠能禪師見到弟子們一天到晚就知道打坐，於是就問其中一個弟子說：「你為什麼要終日打坐呢？」

弟子回答說：「我參禪啊。」

惠能禪師說道：「參禪與打坐是完全不一樣的。」

弟子這個時候疑惑道：「可是您不是經常教導我們要管好自己容易迷失的心嗎？還告訴我們清淨的觀察一切，終日坐禪不可以躺臥嗎？」

惠能禪師說道：「終日打坐，這不是禪，而是在折磨自己的身體。」

弟子這個時候徹底迷惑了。

惠能禪師緊接著說道：「禪定，不是讓整個人像木頭、石頭一樣的死坐著，而是一種身心極度寧靜、清明的狀態。離開了外界一切物相，這才是禪；內心安定不散亂，是定。如果執著於人家的物相，

內心就會散亂；如果能夠離開一切世間物相的誘惑或者是困擾，心靈也就不會散亂了。我們的心靈本來是很安定寧靜的，只是因為被外界的事物迷惑和困擾了，如同明鏡蒙塵，就活得愚昧迷失了。」

弟子躬身問道：「那麼，怎麼才能夠忘記邪念，不被世間的物相所迷惑呢？」

惠能這個時候說道：「能夠思量人間的善事，心就是天堂；思量人間的邪惡，就化為地獄。心生毒害，人就淪為畜生；心生慈悲，處處就是菩薩；心生智慧。無處不是樂土；心裡愚癡，處處都成為了苦海。

在普通人看來，清明和癡迷是完全對立的，但是真正的人卻知道它們都是人的意識，沒有太大的差別。人世間萬事萬物都是虛幻的，都是一樣的。生命的本源也就是生命的終點，結束也就是開始了。而財富、名利、成就對於生命來說只不過就是生命的灰塵和飛煙。心裡亂只是因為身在塵世，心靜只是因為身在禪中。沒有中斷就沒有連續，沒有來也就沒有去。」

聽到這裡了，弟子終於醒悟了，惠能禪師的話就好像是暮鼓與晨鐘一樣，喚醒了那些在生活裡受到折磨的人。

☆ **心靈窗** ☆

宇宙中的現象，對於眾生來說都只不過是心所能認識的一種程度而已，一個人的心能夠認識多少，對於這個人來說，世間萬物就有多少；一個人的心有多大，對這個人來說天就有多大。

## 過度貪欲，無盡煩惱

☆**智慧語**☆

眾生能帶給我們煩惱，那是因為我們自己著相。——小和尚

☆**藏經閣**☆

有一位青年要削髮為僧，準備離開他住的村子，到一個沒有人居住的山中去打坐修禪。當時他只帶了一塊布當作衣服，就到山中修禪。後來，每天他要洗衣服的時候，他就需要用另外一塊布來替換，於是他就下山到村莊中向村民們乞討一塊布當作衣服，因為村民們都知道他是一位虔誠的和尚，於是就毫不猶豫的給了他一塊布，讓他當作換洗用的衣服。

當這位小和尚回到山中之後，他發現他所居住的茅屋裡面有一隻老鼠，常常會在他專心打坐的時候來咬他那件準備換洗的衣服。他其實從出家那天就立下了一輩子不殺生的戒律，所以他不願意去傷害這隻老鼠，但是他又沒有別的什麼辦法趕走這隻老鼠，所以他回到村莊以後，向村民要來了一隻貓來飼養。

等得到了貓以後，他又想到：貓沒有吃的不行啊，貓應該吃點什麼呢？我不想讓這隻貓去吃老鼠，但是總不能和我一樣天天吃野菜啊。於是他又向村民們要了一頭牛，那麼這樣的話，那隻貓就可以靠著牛奶維持生活了。

但是，在山中居住了一段時間以後，他發現每天都要花費很多的時間來照顧那頭牛，於是他又

回到了村莊中，他找到了一個很可憐的流浪漢，就帶著無家可歸的流浪漢到山中和自己居住，順便幫助他照顧牛。

當流浪漢在山中居住了一段時間以後，他就開始和小和尚一樣抱怨起來：「我跟你是不一樣的，我需要一個妻子，我還需要一個幸福的家庭。」小和尚聽完以後想了想，覺得流浪漢說的也有道理，他不能強迫別人，更不能要求別人和自己一樣，過著禁欲的苦行生活。

結果很多年過去了，人們都知道了這個故事。故事就這樣一代一代往下傳開了，結果到了很多年以後，幾乎整個村莊都搬到了山上去了。

☆**心靈窗**☆

欲望就好像是一條連環鎖鏈，一個連著一個，永遠都沒有盡頭。而真正可悲的人總是會為自己的各種欲望找到藉口

一個人有了一點點的欲望，如果滿足了就會出現更多的欲望。或許在其本身看來這些只是需求，但沒有這些需求事實上也可以生存，而且這不斷膨脹的欲望，最終會導致我們最初的目的無法達成。

## 從容面對身外之名

☆**智慧語**☆

誰都知道「金錢名利」是身外之物，但是許許多多的眾生還是為此辛辛苦苦了一生。——

慧緣禪師

☆**藏經閣**☆

古時候，波斯王國有一個國王有一個習慣，就是每次午飯之後要小睡一會兒，而且每次午睡的時候都會讓僕人守候在自己的身邊，以便隨時伺候自己。

有一天，國王按照慣例中午睡覺以後，兩個僕人分別站在床頭和床尾為他輕輕的搖著扇子。當時由於天氣太熱了，國王一時睡不著，就只好閉目養神。

由於站的時間長了，僕人們可能也有一些累了，他們以為國王已經睡著了，為了不讓自己感到太累，睡著了，兩個人就小聲的聊了起來。

僕人甲問僕人乙：「你說說，你是靠什麼生活的？」

僕人乙非常巧妙的回答說：「我當然是靠尊敬國王來活著了，是國王恩賜了我一切。」

接著，僕人乙又反問僕人甲是靠什麼生活的。

僕人甲說：「我不靠天，也不靠地，我只相信命運，只聽從命運的安排，不是有句話『命裡有時終須有』，沒有的也不要爭，爭也是爭不出來的。」

當國王聽完兩個僕人的對話以後，心中暗暗的讚賞僕人乙，覺得他是一個非常懂事，而且懂得感恩的人，但是國王對僕人甲卻覺得不怎麼樣。

過了一會兒，國王假裝從睡夢中驚醒過來，他伸了一個懶腰坐起身來，等到兩個僕人為國王穿好衣服後，國王就讓他們兩個人退下了。

兩個僕人按照國王的命令退了出去，這個時候國王又把僕人丙叫了進來。對他說：「你去通知皇后，一會兒我要派人去給她送酒，她要重重的賞賜那個給她送酒的人。」

僕人丙接到國王的命令以後就退了出去。

隨後，國王把僕人乙召來了，隨手拿了半杯酒，說：「你去把這點酒給皇后送去吧。」

當僕人乙接到國王的命令以後，就開始在心中琢磨起來，國王皇宮中的酒有很多，為什麼非得讓我把這半杯酒送給皇后呢？皇后看到以後會不會發火呢？由於他太專注於想事情了，一不留神就撞在了門外的立柱上面，頓時就是頭破血流。

僕人乙本來就擔心自己給皇后送酒會被斥責，現在弄成了這個樣子他更擔心回去以後會受到國王的怪罪。而恰巧這個時候，僕人甲過來了，於是僕人乙懇請僕人甲幫自己把酒給皇后送去。

僕人甲於是從僕人乙的手中接過酒，對僕人乙說：「你放心吧，這酒我一定幫你送到。」

當僕人甲來到皇后寢室的時候，皇后正在等著國王派來的送酒人，見到僕人甲來送酒了，就笑著對他說：「國王讓我賞賜你金幣、珍寶和衣物，我已經叫人去準備好了，你放下酒杯吧，拿好這些東西，趕快去國王那裡謝恩吧。」

於是僕人甲謝過皇后之後，就去感謝國王了。

當時國王看到僕人甲，感到十分的詫異，於是就立刻把僕人乙傳進了宮裡，問道：「我命令你去給皇后送酒，為什麼你沒有去呢？」

僕人乙非常謹慎的說：「尊敬的國王，並不是我不願意去給皇后送酒，只是因為我剛一走出宮門的時候就不小心碰破了鼻子，流血止不住，這樣去拜見皇后肯定是不合適的，所以只好讓僕人甲替我給皇后送去了。」

當國王聽到這裡，嘆息不止，接著說道：「我現在是真的明白了，佛語講的真是非常有道理，命運是誰也改變不了的。」

☆ **心靈窗** ☆

俗話說：「命裡有時終須有，命裡無時莫強求。」我們雖然沒有辦法改變命運，但是只要能夠保持一份淡定的心態，能夠對於得失不太在意，那麼生活依舊是非常美好的。

# 第五章　理智一些，別在執著中失去自我

## 原諒那些傷害你的人

☆**智慧語**☆

你永遠要寬恕眾生，不論他有多壞，甚至他傷害過你，你一定要放下，才能得到真正的快樂。

——無名禪師

☆**藏經閣**☆

從前有一個小沙彌去問無名禪師：「大師，你曾經經常教導我們要慈愛，要普渡眾生，那麼如果是一個大惡之人，你說我們還需要超度他嗎？」

無名禪師聽完小沙彌的問題之後並沒有說話，而是拿起筆在紙上寫了一個「我」字，並且無名禪師還故意把「我」字倒著寫。寫完之後他指給小沙彌看，問道：「你看看，這是什麼？」

小沙彌看過無名禪師寫的字說道：「這是一個字啊，只不過這個字怎麼是反的呢？」

無名禪師接著問道：「那你說說這是一個什麼字呢？」

小沙彌回答說：「這是一個『我』字。」

無名禪師這個時候又開始問小沙彌，「那你說，這個被我寫反了的『我』字到底算不算字啊？」

小沙彌低頭想了想回答道：「不算字。」

無名禪師聽完小沙彌的回答，笑了笑繼續追問道：「既然你都說不能算是一個字了，那為什麼你還說這是一個『我』字呢？」

小沙彌聽完無名禪師的發問之後，愣在那裡，不知道該如何回答。

無名禪師繼續說道：「正寫是字，反寫也是字，你能夠認識它是反寫的『我』字，是因為你的心裡也認為那是反寫的『我』字。相反，如果是你原來就不認識的字，哪怕是我寫反了，你也是根本無法分辨出來的，只怕到時候別人告訴你反寫的『我』，遇到正寫的時候，你又會認為這個『我』字寫反了。」

小沙彌聽完之後點了點頭，終於明白了無名禪師的開示。

而無名禪師這個時候繼續開示道：「同樣的道理，好人是人，壞人也是人，最重要的是你要懂得找出人的本性。當你發現這個人是惡人的時候，你就要立刻將這個人的善與惡區分開來，而且能夠呼喚出他的『本性』，如果這樣的話，這個人也就不難超度了。」

☆ **心靈窗** ☆

禪能夠給我們表達的是平等的精神，告訴我們宇宙是平等的，人是平等的，世間的一切都是平等的。善人我們要超度，惡人更需要我們的超度，所以我們要平等的對待他人，越是那些所謂的惡人，我們就越要拿出慈愛來感化他們，讓他們能夠棄惡從善，最後得到解脫。

# 活在當下，控制好自己的情緒

☆**智慧語**☆

過去之心不可得，未來之心不可得。——南隱禪師

☆**藏經閣**☆

在古時候，有一個小鎮上有一座香火非常旺盛的寺廟。每天都有很多過來進香拜佛的人。有一天，有一個人去參佛的時候，不禁想到佛祖一定很勞累，因為每天都要照顧這麼多前來求佛的人，如果有一天自己能夠替佛祖駐寺就好了。

當佛祖看到這個人這麼有慧根，於是就出了定，對這個人說讓他替自己到寺廟中的佛像裡面駐寺，但是有一個條件，不管遇到什麼情況，都不能夠講話。

第二天，寺廟裡面就來了一個非常富有的商人，當這位富人上完香拜完佛之後，竟然忘記自己手邊的錢袋就離去了。替佛祖駐寺的人看見這個富人居然忘記了錢袋，真的很想把這位富人叫回來，但是他一定要聽從佛祖的話，不能說話。

等到富人走了之後，接著又來到了一位三餐都吃不飽的窮人，他希望佛祖能夠幫助自己度過難關。結果當這個窮人準備離去的時候，發現了前面那位富人遺落下來的錢袋，結果打開一看，裡面全部都是銀子。窮人高興得不得了，認為這是佛祖顯靈了，於是萬分感謝了佛祖之後離開了。

替佛祖駐寺的這個人把這一切都看在眼裡，他很想告訴那個窮人，這個錢袋不是給他的。但是

由於他和佛祖之前有約定，於是他就憋著沒有開口說話。

結果沒過多長時間，又來一位打算出海遠行的年輕人，他是來祈求佛祖保佑他出海平安的。可是正當他拜完佛準備離開的時候，富人想到自己的錢袋了，於是返了回來，結果富人朝著年輕人就跑過來，認為是這個年輕人拿走自己的錢袋，二話不說就要打這個年輕人。因為年輕人根本就沒有拿富人的錢，結果兩個人就這樣吵了起來。

就在這個時候，替佛祖駐寺的這個人終於忍不住了，於是開口說話了，把事情的經過詳細的告訴了這兩人。當他們明白事情的經過之後，富人趕緊去找那個窮人了，而那個年輕人也趕緊準備出海了。

當兩個年輕人走了之後，真正的佛祖現身了，他指著這個替他駐寺的人說：「你下來吧！你已經沒有資格坐那個位置了。」這個人聽完佛祖的話以後感到非常的委屈，說道：「我把事情真相說出來，這是在主持公道，難道有什麼不對嗎？」

佛祖說道：「你懂什麼？那位富人其實他根本就不缺錢，他那袋子錢也是準備用來賭博的，可是這錢對於那個窮人來說，可以維持窮人一家很長時間的生活開支；最為可憐的就是那位準備出海的年輕人了，如果他和富人一直糾纏下去的話，肯定就會耽誤他出海的時間，這樣的話他也不至於死去，而現在，他出海的那艘船已經出事沉到了海中。」

☆ **心靈窗** ☆

我們應該活在當下，而唯有控制好自己現在的那顆心，才能夠做自己情緒的主人。隨喜、隨悲由自己。有的時候，上天也許會給我們安排一些考驗，但是不管是什麼安排，對於我們來說都是最好的，所以，不要抱怨，更不要幸災樂禍，不要給快樂、幸福、放鬆找太多的藉口。

人生苦短，我們一定要珍惜生活中的每一天，我們也只有活在當下，擁有了良好的情緒，才會發現世界真的很美好。

## 拋棄對自我利益的過分執著

☆**智慧語**☆

禪師在寺院空地上灑了些蜜，許多蒼蠅趕來，因捨不得走被蜜黏住了腳，再也飛不起來。——南隱禪師

☆**藏經閣**☆

名醫王田的醫術非常高明，可以說是遠近聞名。

但是不管怎麼說王田也不是神仙，不可能治得了所有疾病，所以在他的手下仍然還會有很多人死去。時間一長，王田由於太害怕自己的病人離自己而去了，就產生了恐懼死亡的心理，他為此感到非常的苦惱，他總感受死亡就好像是一團陰影，隨時就會奪走自己病人的生命。

有一天，王田在出診的路上遇到了一位雲水僧，於是王田就跑上前去請教：「什麼是禪？」

雲水僧回答說：「禪是不可說的，我也不知道該怎麼告訴你，但是我有一點是非常肯定的，當

你領悟了禪的真諦之後，你就再也不會怕死了。」

王田聽完之後當然很高興了，於是他就在雲水僧的指點下去尋找南隱禪師了。

王田最後走了很長的路，終於見到了南隱禪師。他對南隱禪師說明來意，並希望能夠得到南隱禪師的指點。

南隱禪師說道：「禪其實非常容易學習，你身為一名醫生，能夠好好對待你的病人，這其實就是禪。」王田聽完之後對此感到似懂非懂，於是後來他又拜訪了南隱禪師三次，每次南隱禪師都對他說：「你作為一位醫生，不要把自己的時間浪費在寺廟裡，你應該多為你的病人想想，你的病人需要你，你趕緊回去照顧你的病人吧。」

王田每次聽完南隱禪師的話以後都感到非常的迷惑，總是不解的想著：大師的這種開示，怎麼能夠消除我恐懼死亡的心理呢？

所以，當王田第四次去拜訪南隱禪師的時候，他忍不住抱怨道：「大師，有一位雲水僧告訴我，人一旦學會了禪就不會害怕死亡了，所以我才到這裡來的，但是每次我來這裡，你總是告訴我要照顧我的病人，我作為一名優秀的醫生，我難道這一點還不明白嗎？如果這就是所謂的禪，那麼我以後不用來請教您了。」

這個時候南隱禪師看見王田生氣了，於是拍了拍王田的肩膀說道：「可能是我對你太嚴格了。這樣吧，讓我給你一個公案來看看吧，你說狗有沒有佛性呢？」

其實這則公案就是非常著名的「趙州無字」，於是王田就開始苦苦參這個「無」字公案。在兩年的時間裡，王田時不時就會將自己的心境告訴南隱禪師，但是每次得到的答案總是「還未進入禪境」。

可是王田並沒有灰心，他每天利用業餘時間專心致志的又參究了一年時間。終於有一天，他感覺自己心境澄明，沒有什麼牽掛了，之前困擾自己的難題也消失的無影無蹤了，他現在對待病人也已經不知道什麼是善待了，王田真正的脫離了生死的牽掛。

最後，他懷著感激之心來叩見南隱禪師，禪師只是微笑著對他說：「從忘我到無我，這就是禪機顯現了。」

☆ **心靈窗** ☆

禪不是讓我們放棄責任，不是讓我透過出家而得到解脫。恰恰相反，我們作為世俗之人如果能夠勇於承擔責任，擁有一顆愛心，這就是參禪。禪就是要我們拋棄對自我利益的過分執著，多為別人想想，多想想眾生，那麼我們每個人自私的「小我」就能夠融入到茫茫的人海當中，而所謂的各種煩惱、恐懼、憂愁也會自然煙消雲散。

## 走出低谷，別再為愛深深負累

☆ **智慧語** ☆

陷入痛苦不能自拔，並非你不能解脫，而是你不想解脫。——老禪師

☆**藏經閣**☆

從前有一對非常恩愛的夫婦，可是不幸的是，有一天女人突然得了重病。在臨終前，女人拉著丈夫的手說：「我實在是太愛你了，真的不想離開你，我死後你一定要好好活著，千萬不能忘記我再去找別的女人。不然的話，我做鬼也會一直糾纏著你的。」

當女人死後，這個男人就陷入了極度的悲痛當中，但是沒有過多長時間，這個男人遇到了另外一個女人，兩個人可以說是一見鍾情，很快就決定私定終身了。

可是，自從這個男人和那個女人訂婚以後，前妻的鬼魂就不斷的來騷擾他，總是說這個男的不講信用，而且還把這個男人和這個女人所說過的每一句話都說出來，來嘲笑和挖苦這個男人。

當男人的一個朋友知道他的這種情況之後，就讓他去找一個經常來到村子裡面化緣的老和尚。

當老和尚聽完男人的敘述以後，就說道：「你的一舉一動是不可能瞞過你前妻的鬼魂的。等下次她再來的時候，你要誇她是絕頂的聰明，無所不知，然後你提一個問題讓她來回答，如果她回答出來了你就答應她和那個女人解除婚約。但是如果你的前妻回答不出來，那就說明其實那不是你前妻的鬼魂，而是你自己的心理作用。」

男人這個時候問老和尚：「那您說我應該出一個什麼樣的問題呢？」

老和尚笑著說道：「你就抓一把黃豆吧，問問她有多少粒？」

當天夜裡，等前妻的鬼魂再次出現的時候，男人依照老和尚的話做了，他先把前妻好好的誇獎了一番。

前妻聽見男人在誇獎自己，非常自負的說：「我告訴你吧，我無所不知，就連你今天去見老和尚的事情我都知道。」

男人趁這個時候隨手抓起了一大把的黃豆，說道：「你既然是什麼都知道，那麼你告訴我，我的手裡有多少顆黃豆？」

男人把這個問題說出來之後，前妻的鬼魂再也沒有出聲。而從那以後，男人再也沒有聽見過前妻說話的聲音了。

☆ **心靈窗** ☆

其實，哪裡有什麼前妻的鬼魂，都是男人自己的心理在作怪罷了，而原因就在於男人放不下當初對自己妻子臨死前的承諾。

人生最大的障礙就是自己，所有的煩惱也都是來自於自己無法解開的心結，只要自己打開了心結，別人永遠都不可能給你帶來任何煩惱。

## 緣分不能勉強

☆ **智慧語** ☆

你做或想任何事時都種下了因，等到緣起時就生果。——佛經

☆ **藏經閣** ☆

有一個年輕人，他的性情非常的急躁，做什麼事情都沒有耐心。

有一次，他和女友約會的時候自己提前來了一會兒，於是他就開始在樹下面煩躁不安的來回走動。

正好這個時候，有一位白眉垂肩的老禪師來到了他的身邊。老禪師看見這位年輕人心煩氣躁的樣子，就拿了一枚紐扣對他說：「施主，你要是實在不想等的話你只要將紐扣往右邊一轉，就可以輕而易舉的跳過等待的時間，不管等待的時間有多長都可以。」

於是年輕人感到非常的驚訝，就試著把紐扣一轉，果然，他的女友就出現在了自己的面前，而且還在對他暗送著秋波。年輕人心想，如果這個時候就能夠舉行婚禮的話，那麼該多好呢。於是他又把紐扣轉了一下，出現了隆重的婚禮場面。

隆重的婚禮上，有著豐盛的宴席，而他和自己心愛的女友在台上並肩而坐，周圍都是親朋好友表達著對自己的祝福。這個時候年輕人抬起頭看著自己的妻子，心想，如果這個時候只有我們倆個人該多好啊。於是他又把紐扣轉了一下，時間立即就到了夜深人靜、令人難以忘懷的洞房花燭夜。

隨後，這個年輕人開始不斷的轉動著紐扣，於是他很快就有了兒子，又有了孫子，一轉眼自己也成了兒孫滿堂的人了，然後他又開始四處去做官，受到人們的讚賞和吹捧。

但是很快紐扣就已經轉到了最後，這個時候的年輕人已經成為了一個老態龍鍾的老人了，而他那幾個不孝的兒子已經把家裡財產揮霍一空了，而且最後還狠心的把他丟到了郊外。

年輕人氣得渾身直哆嗦，而就在這個時候老禪師出現了，他問年輕人：「怎麼樣？施主，你現在還希望時間變得快一些嗎？」

這個時候年輕人垂頭喪氣的說道：「我都要死的人了，還希望時間快個什麼啊！」

正當這個年輕人萬念俱灰的時候，老禪師拿回了紐扣，年輕人又回到了那棵大樹下面，繼續在等待自己心愛的人。但是這個時候年輕人的臉上已經沒有了之前的那種煩躁不安的表情，等待對於他來說已經不再是煩躁的事情了，反而讓他感覺到更多的是：在一個陽光明媚的日子裡，聽著樹上鳥兒的鳴叫，在樹下面等自己心愛的人是多麼一件幸福的事情啊。

☆**心靈窗**☆

在我們的現實生活中，很多人只是一味的追求結果，而忽視了很多重要的過程，這樣的人是不會領略到等待的甜蜜滋味的。任何事情的發生和發展都需要一個過程，所以，千萬不要心煩氣躁，只有耐下性子來等待，才能夠等到你希望得到的東西。

## 被別人誤會的時候要想得開

☆**智慧語**☆

欲得淨土，當淨其心，隨其心淨，即佛土淨。聖人求心不求佛，愚人求佛不求心；智者調心不調身，愚者調身不調心。

吃些虧處原無礙，退讓三分也不妨。春日才看楊柳綠，秋風又見菊花黃。——《憨山大師醒世歌》

☆**藏經閣**☆

松雲禪師自從出家學禪以後，每天都是掛念著自己年老又沒有人照顧的母親，於是就自己修建了一座禪舍，自己與母親同住，從而天天照顧自己的母親。

松雲禪師每天除了參禪打坐之外，就是幫別人抄寫一些經文，由此得到一些微博的生活費。但是很多不知道內情的人總是在背後對他指指點點，有的時候還輕蔑的說：「你們看那個和尚，真的是一個酒肉之徒。」

松雲禪師也沒有做太多的解釋，因為他是根本不會在意別人的閒言碎語的。但是他的母親卻覺得自己把兒子連累了，於是也就跟著出家吃素食了。

有一天，有一位非常漂亮的女子在路上遇到了松雲禪師，當時看見松雲禪師長得一表人才，是一個值得信賴的人，於是就把松雲禪師請到自己的家中說法。而松雲禪師也沒有多想，就毫不猶豫的答應了。因為在松雲禪師的眼中這是很好的事情，任何人都不會拒絕的。

於是這本來是一件很好的事情，就這樣被人們傳開了，可是俗話說：「人言可畏。」人們越傳越變了樣，事情最後被傳成有人親眼看見松雲禪師到妓院去找妓女快活。

當周圍的人知道以後再也不能容忍松雲禪師了。有一天，松雲禪師去外面講法去了，等他回到自己的禪舍發現已經被人搗毀了，他知道這是鄉里不能容忍他了，要把他趕走。松雲禪師沒有辦法，只好把自己的母親託付給了一個親戚讓他幫忙代養，而自己則外出雲遊去弘法了。

好幾年的時間過去了，當松雲禪師聽說自己的母親已經在故里得了重病，於是就急忙趕回了家鄉，但是母親還是先他一步而去世。

松雲禪師默默的站在母親的靈柩前面，過了很長時間，他用自己的手杖輕輕的敲了敲打棺木說道：「娘呀！孩兒回來了，我回來看你了！」當時靈堂裡面是一片的寂靜，於是松雲禪師就學著自己母親的口氣回答道：「松雲，看你完成了禪道回來了，我真的很高興。」「是的，娘。」松雲禪師又自言自語道：「孩兒完成了禪道，回來和您一起超升到佛國，再也不會在人間受到那些不該受的氣了，我也和您一樣的高興啊。」

松雲禪師說完以後，就轉身對眾人說：「我對母親的葬禮已經完畢了，可以安葬了。」

這一年，母親六十八歲，而松雲禪師才三十歲。

轉眼間，松雲禪師也已經五十六歲了。有一天，他感覺到自己的大限馬上就要到了，於是就首先召集弟子，與他們辭別。然後又在自己的母親遺像前面親自點上了一炷香，之後就坐在禪床上，安詳的去世了。

☆ **心靈窗** ☆

有的時候即使天空下了一場傾盆大雨，但是這仍然阻擋不了銀色月光的揮灑，讓我們安然的面對別人的非難與誤解，堅持自己心中的原則和寧靜，有的時候這樣的無言，才是最優美，最崇高的。

## 放下束縛的愛，就是愛自己

**☆智慧語☆**

一切世間欲，非一人不厭，所有有危害，云何自喪己？一切諸眾流，悉皆歸於海，不以為滿足，所受不厭爾。——《佛說生經》

**☆藏經閣☆**

曾經有一個女孩，年輕漂亮，出身豪門，自己也是多才多藝，日子過得非常的幸福和美好，以至於到了最後媒婆都快把她家的門檻給踩爛了。可是她一直不想結婚，因為在她心裡總是認為還沒有見到真正想要嫁的那個男孩。

直到有一天，女孩子去逛廟會，在非常擁擠的人群當中她看見了一個非常年輕的男人，雖然兩個人之間只是擦肩而過，但是這個女孩就知道這個男孩是他苦苦等候的人。

可惜，廟會上面人實在是太多了，也太擁擠了，她根本無法走到那個男人的身邊，就這樣眼睜睜的看著這個男子消失在了人群中。

在後來的兩年時間裡，女孩開始四處去尋找那個男人，但是沒有一點音訊。女孩每天都向佛祖祈禱，希望能夠見到那個男孩。

女孩的真誠終於打動了佛祖，佛祖顯靈了。接下來佛祖與女孩見面了。

佛祖問：「你想再見到那個男子嗎？」

「是的，我只是想再看他一眼。」女孩說。

佛祖接著問：「你要拋棄你現在所擁有的一切，包括你的家人和你幸福的人生，你願意嗎？」

「我願意。」女孩答道。

佛祖又說道：「你還必須修練五百年的道行，才能夠見他一面，你不會後悔嗎？」

女孩回答說：「我絕不後悔。」

之後，佛祖就把女孩變成了一塊大石頭躺在了郊外，經過了五百年的風吹日曬，雖然是苦不堪言，但是女孩無怨無悔，其實最令她難受的就是在這四百多年的時間當中都沒有看見一個人，這點差點讓她絕望。

等到最後一年，來了一個採石隊，看中了她的宏大，於是就把她鑿成了一塊條石運到了城裡頭。他們正在建造一座石橋，於是，女孩就變成了石橋的護欄。

就在石橋建成的那一天，女孩終於見到了他苦苦等待了五百年的男人。只見他行色匆匆，好像有什麼急事，很快就從橋上面走過了。當然，這個男子是不會發現有一塊石頭在看著他的。

這一次男人就這麼走了，之後佛祖再次出現，說道：「你滿足了嗎」？女孩說：「不，為什麼我只是一個護欄呢？假如我能被放在橋正中的話，我就能夠碰一碰他了。」佛祖聽後說道：「你如果想再碰他一下，那麼你還需要再修練五百年。」

「我願意。」女孩說道。

「你吃了這麼多的苦，難道你不後悔嗎？」佛祖問道。

「我不後悔。」女孩堅定的回答道。

於是，佛祖把女孩變成了一棵大樹，立在了一條人來人往的官道上面，每天都有很多人從這裡經過。女孩就天天的在這裡四處張望，無數次滿懷盼望的看見一個人走來，又有無數次的願意被破滅。

日子一天天的過去了，女孩的心逐漸變得安靜了，女孩知道，不到最後一天他是不會出現的。就這樣又過了五百年，在最後一天，女孩子知道男孩會來的，但是在她的心中不再那麼衝動了。

來了，他來了，他還是穿著女孩最喜歡的白色長衫，臉還是那麼的俊，女孩就這樣癡癡的看著他。這一次，男子沒有著急走，因為天氣太熱了，所以男孩決定在樹下休息。

這個時候佛祖又出來了，問女孩：「你還想不想做他的妻子，那你還要修練。」

女孩聽完後說道：「我想不必了，因為這樣已經很好了。愛他，並不一定要做他的妻子。」

佛祖聽後，微微的點了點頭。

☆ **心靈窗** ☆

每一份感情都是美麗的，每一個過程都會讓人陶醉。而那些不能擁有的遺憾讓我們感到珍惜；那些夜半無眠的思念能夠讓我們更覺得留戀。感情這份問卷，永遠沒有標準的答案，苦苦的追求並不能夠讓生活更圓滿，也許有的時候留一點遺憾，留一絲傷感，才會讓這份卷子更滿意，更久遠。

## 在過去中糾纏，你只能更傷心

☆ **智慧語** ☆

我們不能離開生滅法，另找一個不生不滅法，我們如果悟到空性，當下放下，我們就是不生不滅，就是佛。——老和尚

☆ **藏經閣** ☆

有一位小和尚被派去買油。在他離開之前，寺廟裡的廚師給了他一個大碗，並且非常嚴厲的警告他說：「你一定要小心，我們最近得到的布施並不多，所以你絕對不能把油給灑了。」

小和尚答應以後就下山到城裡去了，他到廚師指定的店裡買了油。在買完油回到山上的路上，他總是想到廚師嚴厲的表情和非常嚴肅的警告，所以他越想越感到緊張。小和尚就更加小心翼翼的端著裝滿油的大碗，一步一步的往寺廟裡面走，眼睛死死的盯著裝油的碗，一點也不敢看別的地方。

但是很不幸的是，當他快到廚房門口的時候，由於沒有看前面的路，結果腳踩到了的地上的一個坑裡面，雖然小和尚沒有摔跤，但是他卻灑掉了三分之一的油。這個時候小和尚覺得非常的懊惱，而且緊張的手也開始發抖了，根本無法把碗端好了。等最後回到廚房的時候，碗中的油就只剩下一半了。

當廚師拿到裝油的碗的時候，當然是非常生氣了。他指著小和尚就開始大聲斥責起來：「你真沒有用啊，我不是說過要你小心嗎，你為什麼還浪費了這麼多的油，你真是把我氣死了。」

小和尚被廚師訓斥之後很是難過，開始流眼淚了。這個時候一位老和尚聽到了，就跑過來問是怎麼一回事，當了解事情的經過之後，老和尚就開始安撫廚師的情緒，當然，他也悄悄的對小和尚說：「我再讓你去買一次油，這次你在回來的途中，要多觀察你看到的人和發生在你周圍的事情，並且還要講給我聽。」

小和尚聽完之後本來是想推卸這個任務的，他總是在強調自己端不好油，更別說一邊要保證油不灑，還要看身邊的人和其他事情了。

但是最後，在老和尚的堅持下小和尚只好勉強答應，他就這樣上路了。

在回來的途中，小和尚才發現原來路邊的景色是這樣的美麗與迷人。在遠方能夠看見雄偉的山峰，而在近處，農夫們正在田地裡辛勤的耕種。

當小和尚走了不久，又看到一群孩子在路邊的空地上玩的非常開心，而且還有兩位老先生在路邊下著棋。就這樣，小和尚一邊欣賞風景，一邊往寺廟走著，沒有多長時間，他就不知不覺的回到了寺裡。

這次，當小和尚把手中的油交給老和尚的時候，發現碗裡的油滿滿的，一點都沒有灑。

☆ **心靈窗** ☆

一位真正懂得從生活中尋找人生樂趣的人，是不會覺得自己的日子充滿壓力和憂慮的。與其每天操心自己的工作和生活，不如在生活中能夠享受每一次經歷的過程，而且能夠從中尋找到快樂。

## 做人不能太固執

☆**智慧語**☆

世界本就不是屬於你，因此你用不著丟棄，要屏棄的是一切的固執。——老和尚

☆**藏經閣**☆

有一天，天公不作美下起來大暴雨。而這個時候有一個非常虔誠的居士正好在一座寺廟裡面祈福。而寺廟裡面已經進水了，水已經沒過了居士跪著的膝蓋了。

就在這個時候，一個人駕著一艘小船來到了寺院當中，看見居士對他說道：「你趕緊上來吧，不然的話洪水會把你淹死的。」而這個時候居士說道：「不，我不走，我相信佛祖一定會來拯救我的，你趕緊去救別人吧。」

沒過一會兒，洪水越來越大，已經達到居士的胸口了，這時候他只能夠勉強站在祭壇上面，而就在這個時候，又有一個人開著一艘快艇過來了，對居士說道：「居士，你趕緊上來吧，我帶你離開這裡，不然的話你真的會被洪水沖走的。」居士卻說道：「不要，我要緊緊的守著佛堂，我相信佛祖一定會來拯救我的，你還是先去救其他人吧。」

不久，洪水已經把整個佛堂給淹沒了，這個時候天空中飛來了一架直升飛機，飛行員丟下了一條繩梯，然後對居士大聲喊道：「這位居士，你快點上來啊，你再不上來就真的沒有機會了，我們不能讓你被洪水淹死。」結果就在這生死關頭，居士還是非常固執的說道：「不要，我不需要你們

的說明，我一定要守住整個佛堂，我相信佛祖一定會來救我的。」

當直升飛機飛走之後，洪水一浪又一浪的朝著居士襲來，而這位固執的居士就這樣被洪水給淹死了。

等到居士死後，他見到了佛祖，他感到非常的生氣，於是質問佛祖道：「佛祖，我這一輩子都奉獻自己，每天兢兢業業的伺奉您，可是您為什麼就是不肯救我呢？」這個時候佛祖回答道：「我怎麼沒有去拯救你呢？第一次，我派了一艘小船去拯救你，可是你固執的不肯走，我還以為你是擔心小船不夠安全；於是第二次我又派了一支快艇去救你，但是你還是不走；最後我以最為尊貴的標準來對待你，派了一架直升飛機去拯救你，可是你還是不願意走啊，所以我以為你是想趕快來到我的身邊，陪伴我呢！」

**☆心靈窗☆**

盲目的堅持就是固執，它能夠讓你陷入困境。我們每個人都會犯錯誤，但是就怕我們犯了錯誤之後還執迷不悟，一錯再錯。在人生的道路中有很多的挫折和失敗，而這些都是由於過度的固執所造成的。所以，如果我們只是一味的固執，只能導致自己更大的失利，而往往果斷的選擇放棄，才是明智的。

## 量力而行，不必過於執著

☆**智慧語**☆

挑水之道並不在於挑多，而在於挑得夠用。一味貪多，適得其反。——老禪師

☆**藏經閣**☆

有一次，佛祖到一個國家弘揚佛法，國王知道這件事情之後就廣設布施來款待佛祖和他的眾弟子。

當時在這座城市裡面有一位非常貧窮的老婦人，她家裡面什麼都沒有，每天都是靠乞討為生。當時這位老婦人聽說國王正在為佛祖和眾比丘布施款待，心中就產生了虔誠的想法。她也想向佛祖和眾比丘們貢獻一點東西。可是她看了看自己的家中，真的是一貧如洗，沒有一件可以拿得出手的東西，所以老婦人只好無奈的嘆息起來。

可是忽然之間，老婦人看到了別人施捨給她了一點黃豆，頓時心中大喜。老婦人趕快來到了王宮，她想把自己的這點黃豆進貢給佛祖。可是看門的人看見老婦人衣服破爛，手上捧著一點黃豆竟然還想到王宮中那它供奉給佛祖，覺得非常搞笑，堅決不讓老婦人進去。

當佛祖在宮中知道了這件事情之後，便命人到門口取來了老婦人手中的黃豆，並且還把這些黃豆放在了國王布施的各種美食裡面。結果國王吃到的所有東西裡面都有黃豆，國王大怒，於是就命人要處置廚師。

而就在這個時候，佛祖在一邊勸國王說：「國王，其實這件事情不能怪廚師，這些黃豆是宮外一位非常貧窮的老婦人布施的。」

國王聽完之後並沒有高興。佛祖接著說道：「這位老婦人可是一片真心、善良啊，雖然是小小的一粒粒黃豆，但是也能夠幫助國王布施飯食。所以，飯中間才會有黃豆。」

國王聽完佛祖的話之後非常不以為然，說道：「她的這點黃豆算什麼啊，這黃豆怎麼可以與我這麼豐厚而美味的食物相比呢？」

佛祖卻說道：「老婦人施捨黃豆雖然不值多少錢，但是她將來獲得的功德肯定要比國王你大。」

國王聽完之後非常不解的問：「大師，難道我用這麼豐厚美味的食物來招待你和眾比丘，還比不上老婦人布施的這點黃豆嗎？」、

佛祖於是向國王解釋道：「老婦人貢獻的黃豆雖然不值錢，但是卻是盡其所能的布施，可是國王您的布施雖然很多，價值很高，但是這些都是來自於老百姓的，對於您而言自身毫無損失。所以我說，老婦人的布施很多，國王您的布施很少，而老婦人的功德要比您大得多。」

當國王聽完佛祖這番話之後深受啟發，於是叩拜在佛祖門下。

☆**心靈窗**☆

每一個人是不同的，每個人的能力也是不同的，不管做什麼事情，只要盡力去做就好了。也就是說，我們在為人處世的時候，要想能夠成就大事，只要自己盡力去做就可以了。有的時候能力的大小不是我們可以改變的，而唯一能夠由我們自己決定的事情就是竭盡全力，只要這樣，哪怕做不

到最好，也可以問心無愧，不留遺憾。

## 要學會從容面對逝去的感情

☆ **智慧語** ☆

要克服對死亡的恐懼，你必須要接受世上所有的人都會死去的觀念。——虛竹大師

☆ **藏經閣** ☆

有一位老婦人一直與兒子相依為命，生活非常艱難。但是不幸的是，兒子突然有一天無緣無故的得了一種奇怪的病死了，老婦人為此痛不欲生。

當鄰居們幫著老婦人把她的兒子安葬後，老婦人卻哭著待在自己兒子的墳墓邊上，怎麼都不肯離去，就這樣，她每天都守著兒子的墳墓吃喝，甚至因為傷心過度暈死過去好幾回。幾天下來，老婦人的身體變得非常虛弱，生命也危在旦夕了。

人們看到之後都在想辦法，最後大家想到了寺廟裡面的虛竹和尚，於是就派人把虛竹和尚請來開導這位老婦人。

虛竹和尚來到老婦人的身邊問道：「施主，你為什麼待在你兒子的墳墓前這麼多天了還不離去呢？」

老婦人見是虛竹和尚，於是哽咽道：「大師，我就這麼一個兒子，只求能夠和兒子一起離開

人世。」

虛竹和尚聽完之後問道：「那施主，您想不想讓自己的兒子活過來呢？」

老婦人聽完之後，頓時來了精神，非常欣喜的說道：「當然想了，大師，您真的有辦法讓我的兒子活過來嗎？」

虛竹和尚說道：「我倒是有一個辦法，就是不知道施主願不願意試一試？」

老婦人一聽，更加高興了，於是立即爬了起來說道：「大師，我當然願意試了，只要能讓我兒子活過來，我做什麼都願意。」

虛竹和尚這個時候若有所思的說道：「如果施主你能夠找來一炷香火的話，我就能用這香火為你的兒子續命。」

老婦人聽完之後更加心急了，問道：「那究竟是什麼樣的香火呢？」

虛竹和尚慢慢的說道：「這種香火只有那些從來沒有死過人的家裡才會有，施主你趕緊去找吧。」

老婦人聽了虛竹和尚的話後，就匆忙上路尋找續命香火去了。

老婦人先來到了一戶人家，敲開了門問道：「你家裡以前死過人嗎？」

這個人感到非常吃驚，但還是如實回答說：「死過呀。」

於是老婦人離開這家之後又去敲下一戶人家的門，問道：「您家死過人嗎？」

「當然了，如果不死人的話那人還不成妖精了。」這家的男主人很幽默的回答道。

就這樣，老婦人找了很多家，但是結果卻都是得到了相同的答案，她最後只好非常無奈的回來告訴虛竹和尚：「大師，我已經走遍了附近所有的人家，但是沒有找到一家有你說的那種香火，因為他們每戶人家都是死過人的，唉，看樣子我這個香火是不可能取回來了。」

虛竹和尚聽完之後哈哈大笑，說道：「施主，既然是這樣，那麼你又何必為自己兒子的死亡而過度悲傷呢？」

聽完了虛竹和尚的這番話以後，老婦人失子之痛頓時化解了很多。

☆ **心靈窗** ☆

生老病死這都是自然規律，我們對自己親人的愛是可以理解的，但是沒有必要一直沉浸在失去親人的悲傷裡。死亡對於每個人來說都是必然的事情，關鍵在於我們對待死亡的態度，如果總是一味的抱怨也改變不了失去親人的現實，而擺脫悲傷的最好辦法就是接受這個現實，以淡定的態度來看待死亡。

# 捨得篇

# 第一章　適時而退，退一步將是海闊天空

## 拿得起，更要放得下

☆ **智慧語** ☆

當你手中抓住一件東西不放時，你只能擁有這件東西，如果你肯放手，你就有機會選擇別的。人的心若死執自己的觀念，不肯放下，那麼他的智慧也只能達到某種程度而已。——悟空和尚

☆ **藏經閣** ☆

清水禪師是一位非常擅於作畫的高手，可是他每次在畫畫之前，都必須要讓買畫的人先付錢，完了之後他才肯作畫，不然的話他是絕不可能動筆的。時間一長，人們覺得清水禪師這種作風並不像他的名字一樣，讀起來這麼純潔。

有一天來了一位小姐，請清水禪師幫她畫一幅畫，清水禪師問道：「我畫可以，你能付多少錢呢？」

這位小姐回答說：「你開價是多少，我就付你多少。但是有一個前提條件，就是你必須到我家裡去作畫。」

於是清水禪師跟著她來到她的家中。當時她的家中正在宴請客人，清水禪師把畫畫成之後，拿

了畫畫得到的報酬就走了。正在這個時候，那個小姐對宴會上的客人說道：「你們看這個禪師，他只知道要錢，他的畫雖然畫得很好，但是他的心裡是骯髒的，他的心已經被金錢給玷污了，而出自這種玷污之心的作品我是不可能把這幅畫掛在客廳裡面的，它只能裝飾我的裙子。」說完，她就命令傭人拿出一件白色的裙子，要求清水禪師再在上面畫一幅畫。

清水禪師依照慣例問道：「你能夠出多少錢？」

這位小姐輕蔑的對清水禪師說：「哦，隨便你要多少，我就給多少。」

於是清水禪師開了一個非常昂貴的價格，之後就按照她的要求在白色的裙子上面畫畫了，當他畫完畫後拿著錢就離開了。

在場的很多人都不能理解，清水禪師為了錢而畫畫，哪怕是受到了侮辱都能夠表現出一副無所謂的樣子，他的心裡到底是怎麼想的呢？

最後，清水禪師寺廟裡的小和尚告訴了大家答案。

原來在清水禪師居住的地方幾乎每年都會發生非常嚴重的災荒，而當地的富人們一個個都是吝嗇鬼，又不肯出錢來布施，所以清水禪師就決定在當地建造一座倉庫來儲存糧食，以供賑災之用。再加上清水禪師的師父在生前曾經許下過願望，要修建一座寺廟，可惜最後清水禪師的師父沒有完成自己的願望就死去了，於是清水禪師決定要替師父完成他的夙願。

☆ **心靈窗** ☆

佛家向來以大肚能容天下之事為樂事，一個有禪心的人必能夠做到拿得起，放得下，而這便是一種極高的境界。

我們要調整心態，學會轉身即放下。因為禪學裡最大的智慧是拿得起放得下，不要讓兒女情長阻礙你的夢想，不要讓瑣事束縛你，人生能有幾回搏？抓住機會，實現它！

## 不必凡事都爭到底

**☆ 智慧語 ☆**

你不要一直不滿他人，要一直檢討自己才對。不滿他人是苦了你自己。是非天天有，不聽自然無，是非天天有，不聽還是有，是非天天有，看你怎麼辦？真正的布施，就是把你的煩惱、憂慮、分別和執著心通通放下。——老禪師

**☆ 藏經閣 ☆**

白隱禪師是一個品德高尚，嚴於自律的禪師，在人們的眼中他是道德的楷模。

白隱禪師的鄰居家有一個非常漂亮的女子，她還沒有出嫁，可是有一天卻突然懷孕了。當女孩的父母知道以後非常的生氣，特別是女孩的父親簡直是暴跳如雷，認為怎麼能夠在自己的家裡出現這種傷風敗俗的事情，可以說是丟盡了家族的臉面。於是他就開始嚴厲的問女兒，這個孩子的父親是誰。

女孩子也知道自己闖下了大禍，但是又不敢說出事情的真相。在萬般無奈的情況下，女孩子含著淚說出了白隱禪師的名字。當時她的父母聽了以後大吃一驚，然後就是勃然大怒，氣得他們立刻

就去找白隱禪師理論。

當白隱禪師靜靜的聽完了女孩父母激烈的譴責和惡毒的辱罵以後，並沒有辯解，只是輕輕的問了一句：「哦，真的是這樣嗎？」

於是這件事情馬上就傳開了，大家都開始議論紛紛，「真沒有想到白隱禪師居然是這樣一個人，我們平時還把他看成是我們的道德楷模，現在才知道他就是一個偽君子。」

十月懷胎很快就過去了，孩子出生了。於是孩子也理所當然的送到了白隱禪師那裡撫養。白隱禪師還是沒有說什麼，他默默的接受著這一切，而且還從鄰居那裡取得了孩子所需要的一切東西，白隱禪師就像是一個真正的父親，開始細心的照顧著這個弱小的生命。

就這樣，一年的時間很快就過去了，這位女孩，也就是孩子的媽媽終於忍受不了自己良心的譴責，終於把事情的真相告訴了他的父母：其實這個孩子根本不是白隱禪師的，而是和她相戀的另一個村子的人。

於是女孩的父母得知事情的真相以後羞愧難當，覺得自己這一家人非常對不起白隱禪師，他們立刻去找白隱禪師，向他表示了深深的歉意，請求他的寬恕，並決定將自己的孩子領回去。

白隱禪師於是又把孩子給了他們，但是說的還是那句話：「哦，是這樣的嗎？」

☆**心靈窗**☆

真正的禪者要修忍辱，修忍辱就是修忍耐，只有人的心力加強了，不管在日常生活中遇到什麼樣的困難、挫折、束縛、麻煩，即使就是把所有的逆境都放在你的眼前，你也能夠像白隱禪師一樣，全然接受所有的壞的困境及干擾，並且能夠調整自我的意識，適當的渡過難關。

## 讓他一下又何妨

☆**智慧語**☆

放下身段！因為世間終究是「花無百日紅，人無千日好」，能夠放下身段，才能「放得下、提得起」。——星雲大師

☆**藏經閣**☆

以前有一位隱峰禪師，他是馬祖道一禪師的弟子，他們都是非常著名的禪師。他們雖然是師徒關係，但是他們總是經常在一起參禪悟道，相互學習，共同進步。當然，在相比之下，馬祖禪師的道法要更高一籌，但是隱峰禪師也相差的不是太多。

有一次，隱峰禪師推著車子在搬運經書，而這個時候正好碰見馬祖道一禪師坐在不遠處的籐椅上伸著腳，一副悠然自得的樣子。由於道路實在是太窄了，隱峰禪師只好請求馬祖道一禪師把腳縮回去一下，讓一讓路，但是沒有想到馬祖道一禪師居然很無理的說了一句：「我向來是只伸不縮的。」於是隱峰禪師也不甘示弱的對他說道：「那我也是向來只進不退。」於是兩個人就爭執了起來，誰也不肯先讓步。

由於隱峰禪師畢竟要把經書運到藏經閣，這樣耽誤下去也不是個辦法，非誤事不可。於是隱峰

禪師就不顧一切的推車向前，結果車輪壓傷了馬祖道一禪師的腳，疼得馬祖道一禪師當時渾身不停的哆嗦。

當馬祖道一禪師回到寺裡，便立刻召集了寺廟的所有僧人，他要登堂講法。可是他的手裡還拿著一把鋒利無比的斧子。大家看見馬祖道一禪師一臉的怒氣，知道一場暴風雨又要來臨了，大家都不敢大聲說話。

這個時候，馬祖道一禪師對下面聽他講法的眾僧大聲喊道：「剛才是誰把我的腳給壓了，趕快給我出來，我要用這把鋒利的斧子砍下他的腦袋。」眾僧聽完之後，都面面相覷，議論紛紛。

只見這個時候，隱峰禪師勇敢而快步的走了上去，毫不猶豫的就把自己的脖子伸了出來。馬祖道一禪師見他居然一點也不畏懼，就把手中的斧頭放了下來，心平氣和的說道：「你對自己的前途都能夠做到這麼毫不猶豫，這個大千世界你可以隨意行走了。」

當隱峰禪師聽完了馬祖道一這句話後，就縮回了自己的脖子，立刻向馬祖道一禪師跪拜，然後彎腰退了下去。

馬祖道一禪師看到隱峰禪師這一舉動後，更加讚賞的說道：「能進能退，乃真正法器。」底下眾僧有所感悟的點點頭。

☆ **心靈窗** ☆

考慮好的事情就要大膽的去做，顧慮重重，畏首畏尾，到頭來只能讓你失去做事的機會，能屈能伸，不與別人太過計較，這才是大智慧。

## 對對手的挑釁「不為所動」

☆智慧語☆

美色動欲念，醜態招噁心，不見為淨；直言妨面子，爭論傷和氣，沉默是金。以不辯對流言，流言不得不息；以不理對挑釁，挑釁不得不休。——老和尚

☆藏經閣☆

在日本東京有一位武功非常高強的武士，雖然他是武士，但是他也精通禪道。有一天晚上，有一位年輕的武士前來拜訪，這位年輕的武士不但武功了得，而且膽大妄為、橫行鄉里。這位年輕的武士在和別人比賽的時候，總是會透過各種手段來激怒別人，讓別人在憤怒之下先出手，而自己則可以冷靜的觀察對方的漏洞，從而一旦抓住了對方的弱點就以迅雷不及掩耳之勢反擊。可以說他就是運用這種戰術和自己的基本功，使得和他交過手的人幾乎都敗在他的拳法下。

這位年輕的武士久仰老武士的大名，但是由於自己的年紀占有很大的優勢，於是他根本不把老武士放在眼裡，所以這次前來拜訪老武士就是為了挑戰老武士，也借此來提高自己的名聲。

老武士的很多弟子都擔心師父的年紀太大，不是年輕武士的對手，於是都紛紛不同意他和年輕武士挑戰。如果非要挑戰的話，就讓老武士挑選自己的徒弟應戰。可是老武士拒絕了弟子們的好意，自己決定應戰。

結果，兩大高手比賽的消息不脛而走，人們都趕到市中心的廣場上看這場不同尋常的比賽。

比賽開始了，年輕的武士還是用他慣用的招數，開始侮辱老武士，對他丟石頭、香蕉皮，甚至往他的臉上吐口水，用一些十分難聽的話來侮辱他。年輕的武士用了很長時間來侮辱老武士，他費勁心機想激怒老武士。可是不管年輕的武士怎麼挑釁，怎麼辱罵，老武士始終就是不動聲色，因為不生氣，所以也不會先出手。

年輕的武士之前從來沒有遇到過這樣的情況，他罵的自己嗓子已經快啞了，丟石頭和香蕉皮也讓他感到筋疲力盡，他已經沒有精力和勇氣再和老武士比賽了，最後血氣方剛的年輕武士不戰自退，感到非常的慚愧。

結果這次比賽就這樣不了了之了，可是等到回來之後，老武士的弟子們怎麼都想不通，於是紛紛去詢問師父：「師父，他罵你，你怎麼不去教訓他啊，我們簡直太生氣了，真想好好去教訓一下那個狂妄自大的傢伙。」

「就是，那小子真是太過分了，師父你怎麼能夠忍耐呢？這樣真的有損師父您的形象。」弟子們不約而同的說著。

面對弟子們的質問，老武士並沒有直接回答，而是質問弟子：「假如有人帶著禮物來見你，你不接下禮物的話，禮物歸誰呢？」

弟子們齊聲回答說：「當然是歸送禮的人了。」

老武士微笑的說道：「嫉妒、憤怒與侮辱難道不是同樣的道理嗎？如果你可以拒收這些東西的話，那麼它們一定還是歸對方所有。」

弟子們這個時候才明白師父的深刻用意，也從其中明白了做人的大道理。

☆**心靈窗**☆

我們遇到的那些不懷好意的挑釁和侮辱，其目的就是為了讓你感到傷心和憤怒，甚至失去理智。可是如果你真的這樣的話，就上了對方的當，讓對方能夠如願以償。如果你能不為其所動，那麼對方送出的「禮物」，到頭來還不是自己照單全收嗎？

冷靜、樂觀、從容的來面對別人的挑釁和侮辱，這是對別人、更是對自己的最大寬容。

## 不做鑽牛角尖的傻事

☆**智慧語**☆

人之所以痛苦，在於追求錯誤的東西。——老禪師

☆**藏經閣**☆

有一位禪師，他很喜歡用偈詩來概括事理，完了讓弟子們自己去領悟。

有一天，他又來了雅興，順手就寫了兩句：「綿綿陰雨二人行，怎奈天不淋一人。」讓弟子們去研究。

有一個弟子自作聰明的搶先說道：「其中說的沒有淋到雨的人，肯定是用了雨具。」

禪師聽完之後，沒有說話只是搖了搖頭。

於是另一個弟子又接著說道：「我想這應該是一次不多見的雨，兩個人雖然在一起走路，但是這個雨卻下在了路的一邊，而沒有淋到雨的人，走的正好是沒有下過雨的這邊。」說完這句話，他滿懷信心的看了看師父。

只見禪師笑了笑，還是沉默不言。

第三個弟子見到禪師沒有表態，於是就說：「你們的解釋都太牽強了，其實道理是很簡單的，那個沒有淋到雨的人肯定是在屋簷下面走著呢。」說完後，就得得意洋洋的看了自己的兩位師兄一眼，準備接受師父的表揚。

可是這個時候禪師卻朝三位弟子笑了笑說道：「你們三個人都非常的聰明，也充分發揮了自己的想像力，自己設想出了很多種不淋一個人的條件和理由，但是你們卻都鑽入了牛角尖，其實你們的錯誤就在於過度專注於「不淋一人」這一點上了。事實上如果你們能夠換一個角度來思考問題的話，所謂的「不淋一人」不就是說兩個人在淋雨嗎！」

☆**心靈窗**☆

很多時候，我們都把思維限制在了固定的模式當中，死鑽牛角尖，死死的抓住一些約定俗成的東西，認為那是不可更改的真理，循規蹈矩，從而無法擺脫自我。實際上，如果你放下心中不可逾越的規則，換一個角度去思考，你就會發現原來事情並不是你自己想的那樣。

## 生活不必過於執著

☆**智慧語**☆

世上萬物無常，不可執著於自己心愛的事物難以割捨啊。——金代禪師

☆**藏經閣**☆

曾經有兩個小和尚慧德和慧真，他們同在一座寺廟裡面修行，當然也是非常要好的朋友。到了後來，他們兩個人抱著遠大的志向和對成功的嚮往，打算到遠方去做生意，於是他們告別了禪師，帶著自己所有的財產去了很遠的地方。

他們兩個人首先抵達了一個生產麻布的地方，慧德對慧真說道：「在我家那裡，這種麻布是非常值錢的東西，如果我們把所有的錢都換成麻布的話，那麼帶回去一定可以賺到更多的錢。」慧真聽完之後也表示同意，於是兩個人就買了很多的麻布，接著上路了。

隨後，他們又來到了一個盛產毛皮的地方，而沒有想到的是在那裡正好缺少麻布，於是慧德對慧真說道：「毛皮在我們那裡也是非常稀罕的東西，如果我們把麻布賣了，用這些賣的錢換成毛皮的話，這樣我們不但可以把成本收回來，而且等我們回到家鄉以後還能大賺一筆。」

而這個時候慧真卻說：「我想還是算了吧，我的麻布已經綁好了，放在我驢子的背上了，這樣搬上搬下多麼麻煩啊。」

結果慧德把自己之前買的麻布全部換成了毛皮，這樣他就多了一筆錢，可是慧真卻還是帶著之

前買的麻布上路了。

他們就這樣走啊走啊，有一天，兩個人來到一個盛產藥材的地方，這裡的天氣非常寒冷，可以說正缺少毛皮和麻布，於是慧德就對慧真說：「你看看這藥材，在我們那裡絕對是寶貝，你把你的麻布賣了，我把我的毛皮賣了，我們把所有的錢都買成藥材，這樣的話回到故鄉一定能賺更多的錢。」

可是慧真拍了拍自己驢子背上的麻布說道：「算了，我覺得太麻煩了，你看我已經把麻布綁好了放在驢背上了，而且我們還有很長的路要走，這樣卸下裝上的我覺得太麻煩了。」結果慧真還是沒有把麻布換成藥材，而慧德並沒有覺得麻煩，他又把毛皮賣了，都換成了藥材。

後來，他們兩個人又來到了一個盛產黃金的地方，這個地方雖然產黃金，但是卻是一個不毛之地，不僅非常需要藥材，也很需要麻布。這個時候，慧德又對慧真說：「你看看這裡，藥材和麻布的價錢真的很高，而黃金的價格居然這麼便宜，可是我們家鄉那裡黃金要比這裡貴的多，如果我們把藥材和麻布都換成黃金，那麼回到故鄉我們一輩子都不用愁了。」可是慧真再一次拒絕了：「不，不，我還是覺得太麻煩了。我覺得把麻布帶回故鄉就很好。」結果慧德把自己的藥材換成了黃金，可以說是又賺了一筆。就這樣等他們兩個人回到了家鄉，慧真把麻布賣了，只賺到了很少的一點錢，而慧德帶回來的卻是大量的黃金，他把黃金賣了之後，就成為了當地最有錢的人。

☆ **心靈窗** ☆

執著與變通之間是有著一定尺度的，只有把握好這個尺度，你的人生道路才能更加的順暢。如果只知道一味的堅持，不懂得變通的人，到頭來自己只能走進自己畫的死胡同裡。所以說，人生不要去刻意的追求，更不要過於執著，不然你就好像等待孔雀開屏一樣，是不容易等到的，可是有的時候也許在你不經意間，就會發現自己擁有了自己想要的東西。

## 退一步，自己的天空更開闊

**☆智慧語☆**

以禮讓對方來成就自我，以尊重對方來化解敵意，以稱讚對方來增進和諧。——佛陀

**☆藏經閣☆**

有一次，佛陀帶領很多弟子在恆河兩岸教化眾生，當他來到王舍城講法的時候，這時舍衛國的給孤獨長者來到佛陀的面前，非常恭敬的問道：「尊敬的佛陀，您是否可以在給王舍城宣講完之後能夠轉到舍衛城，為我們的百姓弘法呢？」

「好的，我很樂意為大家貢獻我自己的力量。」佛陀聽完之後非常高興的接受了。

在當時，只有一條路可以從王舍城到舍衛國，那就是從王舍城往北一直走，然後由恆河渡船過去，接著繼續往北走，經過須彌山，還要再繞過當時地勢非常險要的山，接著還要往西再走好幾天才能夠到達。兩地之間的距離是很遠的。

有一天，當佛陀在接近舍衛城的途中，天色已經接近黃昏了，弟子當中就有人說：「尊敬的佛陀，大家都已經很累了，今天我們是不可能到達舍衛城了，我們能不能在附近的精舍休息一晚上呢？」

佛陀非常慈悲的說道：「可以，既然大家都已經累了，那還是身體重要，我們就在附近的精舍安頓下來，休息一晚上吧。」

當他們找到了一處精舍，大家都開始吵吵嚷嚷找睡覺的地方，過了很長時間才逐漸安靜下來，然後大家很快就進入了夢鄉。

晚上山上是很冷的，當他們睡到半夜，佛陀感覺到有點冷了，於是就起身端坐修行，可是剛坐起來，佛陀就打了一個噴嚏，但是奇怪的是，在寒冷的夜裡，從精舍的外面也傳來了一聲噴嚏聲，佛陀仔細一看，原來在精舍外面的樹下有一個人。

「樹下是什麼人？」佛陀輕輕的問道。

「尊敬的佛陀，是我啊，我是舍利弗。」外面的人輕輕的回答說。

佛陀接著問道：「那你為什麼在樹下啊，這麼冷為什麼不到屋子裡來呢？是不是因為半夜睡不著呢？」

舍利弗說道：「不是的，佛陀。昨晚當大家到達精舍以後，都開始著急的找自己的位子，結果到了後來沒有了位子，我就只好站在樹下了。」

當聽了舍利弗的回答之後，佛陀沉默不語了。

第二天，佛陀把弟子們召集到一起，問道：「我想問你們一個問題，有誰能夠知道，在你們當中誰可以坐首位？誰可以喝第一杯水？誰可以接受第一個施主所供養的食物。

大家開始議論了，有的弟子說：「有王族身份的刹帝利族才可以坐第一位；因為他們的地位很高，可以喝第一杯水，接受第一個供養。」有的弟子說：「不對，應該是婆羅門宗教家族，因為宗教的地位是崇高的，出家後大家都應該尊敬他們。」這時又有弟子說了，「不對，我們修佛的人，不應該有地位上的差異，也不應該有宗教上的差異，應該按照修行的標準來算，修行得到神通的人才可以坐第一位，喝第一杯水，受第一個供養。」

就在大家議論紛紛的時候，佛陀這個時候說話了：「大家注意聽我說，在這裡修行的人，大家都是平等的，沒有什麼階級的分別，確實是不應該有地位上的差異的，當然也不應該有宗教上的差異。因為修行不是其他宗教可以超越的。所以，也不是修得神通的人就可以坐在第一排。

確切的說，在我的教團裡面大家接受的都是一些平等的教化。那麼既然已經是平等的，大家就應該互相尊重，遇到任何事情都要互相謙讓，只有謙讓才能夠給別人機會，也是給自己機會。」

佛陀講到這裡的時候，大家都意識到自己的錯了，以後一定會注意互相禮讓的，而後佛陀又把舍利弗的故事講給了眾弟子聽，大家這個時候都感到非常慚愧。

☆**心靈窗**☆

在我們的生活中總會遇到許多的事情，我們會為此感到非常喜悅，為此感到悲傷。喜悅的時候我們的身心會無限放鬆，而悲傷的時候往往內心很糾結，不能釋然。此時，如果沒有良好的心態和措施，不懂得退讓和寬容的道理，就會難以跨越那些溝溝坎坎，不僅傷了自己，也傷了別人。

## 為別人也留一個舞台

☆**智慧語**☆

它也是一條生命，放過它吧！——智舜禪師

☆**藏經閣**☆

在風景秀麗、佛性很濃的五台山，有一位兩世為僧的高人，他在還沒有修成正業的時候，曾經得到過文殊菩薩的點化，也就是在他這兩世為僧的戒齋日裡面，一定不能犯淫欲之類的戒律，如果不犯的話，就可以得到宿命通。

在這位高僧的前世當中，他生性非常殘忍，總是喜歡殺人，把殺人看成是一件非常平常而且很快樂的事情。當時老百姓都對他是恨之入骨，恨不得他馬上就死掉。

突然有一天，他感染上了一種很嚴重的疾病，想盡了所有的辦法都沒有治療好。剛開始的時候他非常生氣，火冒三丈，以為這是因為老百姓在詛咒他，於是他就下令：「把說我壞話的老百姓都抓起來，實行極刑，讓他們知道我的厲害。」

就這樣又過了一段時間，他開始滴水不進了，眼看自己馬上就要死去了，就在這個時候，他突然有了懺悔心。於是，他就來到了清涼山，非常誠懇的禮拜懺悔，非常想見文殊菩薩一面。

可是過了很長時間，也沒有見到文殊菩薩顯靈，這個時候他不禁開始亂想起來了：「怎麼這麼長時間都沒有見到文殊菩薩呢？難道是因為我身上的罪孽太多了，文殊菩薩不想來見我……」

就這樣，漸漸在他的心中生出了很多的疑惑和憂慮來。當天晚上，他自己做了一個夢，夢見一位老人對他說道：「你在此之前不知道有多少被你冤枉的人死在了你的手裡，你現在想要求見文殊菩薩，讓你稍微等等你就開始不耐煩了，更何況你應該明白，人之身不過四大之假合，你身實非你有，切莫執著，不可猶豫，你自己勉勵吧。」

等到夢醒了以後，他想，我這身體以後也是要償還他人之債的，於是他就來到文殊菩薩的聖像面前，願意把燃燒自己的身體，作為別人的供養。

可是就在他剛剛點燃了火正要開始燃燒的時候，他虔誠的說：「我現在燃身供養三寶，但願能夠以此作為因緣，能夠消釋我以前親自殺人，或者是教唆別人殺人等很多的罪孽，等我酬謝了三寶之恩完畢的時候，我才能夠投生做人，希望那個時候能有一個出家人的樣子，直到最後得到菩提的正果，永遠不要再殺生了。」

當火燃燒滅了以後，這個希望得到寬恕的人在熊熊烈火之中已經燒成了一堆灰了。當時皇帝知道了這件事情以後，為了悼念以自己身體供佛自焚其身而死的這個人，就在他燃火焚身的地方建造了一座寺廟，這所頗具規模的寺院，命名為王子燒身寺，也就是現在的東壽寧寺。

☆**心靈窗**☆

天生萬物，人最靈，根本壞，何為人？處事最為重要的就是憑藉自己的良心。那麼良心又是什麼呢？簡單的說，良心就是一顆善良的誠心。良心是一個人生命中最大的財富，一個對自己良心都不看重的人，就不會有正直的時候，有良心的人是最高尚的人，最終也將是好心獲得好報。

## 為別人挖陷阱說不定傷了自己

☆ **智慧語** ☆

別人可以違背因果，別人可以害我們，打我們，譭謗我們。可是我們不能因此而憎恨別人，為什麼？我們一定要保有一顆完整的本性和一顆清淨的心。——老和尚

☆ **藏經閣** ☆

在很久以前，梵授王在波羅奈治理國家，被菩薩轉化為了樹神。那時，有一個漁村，有一天，有一位漁民與他的小兒子一起到一個他們經常去的捕魚的水塘釣魚。

當爸爸投下魚鉤，可是他沒有想到魚鉤鉤住了水塘底下的一個大樹樁，怎麼也拉不上來了。這個時候，爸爸想到：我肯定是釣到了一條大魚。我趕快讓兒子回去告訴他的媽媽，讓她想辦法與鄰居們鬧一鬧，這樣的話，鄰居就不會知道我釣到一條大魚了，那這條魚也就歸我了。」

於是他趕緊告訴兒子：「孩子，你趕快回去告訴你媽媽，我們釣到了一條大魚，讓她和鄰居們吵起來，引開鄰居們的注意力。」

孩子走了之後，他發現自己怎麼拉還是拉不動魚鉤。他擔心自己魚線會斷掉，所以就脫下了自己衣服放在了水塘邊，自己跳到水塘中去摸魚。結果這個時候他撞到樹樁上面，把自己的眼睛給撞瞎了。這個時候也不巧得很，水塘邊上路過一個小偷，他一看旁邊沒有人，就把他的衣服也給偷走了。

這個時候，他疼痛難忍，用雙手捂著自己的眼睛，搖搖晃晃的往岸上走去。上了岸，他就開始

尋找衣服了，可是怎麼也找不到。

而這個時候他的老婆正在想辦法找事和鄰居們吵架。她把棕櫚葉掛在自己的一隻耳朵上，而且還在自己的一隻眼睛上面塗了一些黑煙灰，懷裡還抱著一隻狗，這其實是最不吉利的打扮，於是她就到鄰居家去串門了。

當一位鄰居看見她這身打扮，馬上就說道：「你這種打扮來串門，你是不是瘋了？」

「你怎麼這麼說話呢，我沒有瘋，你才瘋了呢，你居然還惡語傷人，我們到村長那裡去評理，你敢不敢去，我要讓村長罰你的錢。」他的老婆說道。

就這樣，兩個人吵吵嚷嚷的來到了村長家裡，村長問清了事情的來龍去脈之後，就認定這個偽裝鬧事的女人是故意找事，於是村長就讓人們把這個女人捆了起來，而且用鞭子抽她，讓這個女人趕快把罰金交了。

在這個時候，樹神看到了這個女人在漁村以及他的丈夫在水塘裡面的不幸遭遇，於是就站在樹杈上說道：「人啊，你在水裡和地上都做錯了事情，因此才會兩頭倒楣。」

☆**心靈窗**☆

一個人懷著陰暗的心理想做成一件事情是很難的，而這樣的結果往往都是弄巧成拙，搬起石頭砸了自己的腳。因此，一個人要想做事成功，就要心胸坦蕩，光明磊落。

# 第二章 躲避鋒芒，狹路相逢巧妙「避讓」為上策

## 放下架子，平等對待他人

☆ **智慧語** ☆

地上種了菜，就不易長草，心中有善，就不易生惡。與人相處，應能成人之美，涵養容人之德。

——仙崖禪師

☆ **藏經閣** ☆

隱峰禪師在馬祖禪師門下求學三年，自以為道行很高深，不免就開始洋洋得意起來。有一天，他準備好自己的行裝，就要告別馬祖禪師，準備到石頭禪師那裡去試一試自己的禪道。

馬祖禪師也發現隱峰禪師現在有點心高氣傲了，決定讓他碰一碰釘子，也好能夠從失敗中吸取一些教訓。在隱峰禪師臨行之前，馬祖禪師提醒道：「你小心點啊，石頭路滑。」當時，馬祖禪師說這樣的話是有兩層含義，一是說山高路滑，小心會被石頭絆倒，栽跟頭；另一層意思就是說石頭禪師的道義很高，你小心會碰一鼻子灰。

而隱峰禪師當時興奮得不得了，根本就沒有把馬祖禪師的話放在心上，並且，一路行來，他也沒有遇到任何羈絆，順利的很，於是不禁就更加得意了。

就這樣，隱峰禪師來到了石頭禪師的住處，當時隱峰禪師先繞著法座走了一圈，於是得意的問道：「你的宗旨是什麼呢？」

石頭禪師聽到隱峰禪師的問話，連看都沒有看他一眼，就只是抬起頭，兩雙眼睛朝上，答道：「蒼天！蒼天！」

隱峰禪師聽了這句話後無話可對了，他終於知道了石頭禪師的厲害。這個時候，他才明白臨行之前馬祖禪師所說話的深意，於是他又重新回到了馬祖禪師的住處。

隱峰禪師把這件事情給馬祖禪師說了之後，馬祖禪師對他說道：「你再去問他，等他再說道蒼天的時候，你就噓噓兩聲。」

隱峰禪師一聽，不禁對馬祖禪師佩服得五體投地。石頭禪師用「蒼天」來代表虛空，而這到底還是用文字，可是這「噓噓」兩聲，不沾文字，真是妙哉！於是隱峰禪師就非常高興的欣然上路了。

這次，隱峰禪師以為自己勝券在握了，可以把石頭禪師比下去。等他到了石頭禪師住處以後，也和第一次一樣，先繞著法座走了一圈，問了同樣的問題。誰知道，石頭禪師居然沒有說話，而是「噓噓」的兩聲，這回隱峰禪師一聽，又愣住了。因為隱峰禪師沒有想到，自己還沒有噓出聲來，就被噎了回來。

這一次，隱峰禪師再也沒有以前的傲氣了，最終是喪氣而歸。等他回到寺廟以後，他畢恭畢敬的站在馬祖禪師的面前，開始聽從馬祖禪師的教誨。馬祖禪師也沒有批評他，只是語重心長的說：「我不是早就告訴過你嗎，石頭路滑嘛！」

☆**心靈窗**☆

山外有山，人外有人，強中自有強中手。所以，在做事情的時候，我們更應該謙虛謹慎，千萬不可以驕傲自滿。學習的時候，更要潛心鑽研，不可心浮氣躁；工作時，認真努力，不可沒有責任感；生活中更要樂觀向上，不可悲觀失信。

## 以退為進，以捨求得

☆**智慧語**☆

手把青秧插滿田，低頭便見水中天；身心清淨方為道，退步原來是向前。——布袋和尚

☆**藏經閣**☆

有這麼一位紳士，他要去處理一件急事，在去辦事的路上要經過一座獨木橋，上了獨木橋之後，剛走幾步他就看見了一位孕婦。紳士這個時候很有禮貌的轉身回到了橋頭，讓孕婦過了橋。等到孕婦一過橋，紳士又上了橋，當他這次走到橋中央的時候，又遇到了一位挑柴的樵夫，紳士二話沒說就又回到橋頭讓樵夫先過橋。

這之後，紳士再也不敢貿然上橋了，而是等到橋那頭的人都過完了，他才匆匆忙忙的上了橋。可是眼看就要到達橋那頭了，這個時候迎面趕來了一個推著獨輪車的農夫。因為馬上就要到達橋那頭了，所以紳士這個時候不想再讓了。於是就非常熱情的對農夫說道：「親愛的農夫先生，您看您

能不能讓我先過去啊，我這還差兩步就要到達橋的盡頭了。」沒有想到農夫居然沒有同意，而是非常憤怒的說道：「你沒有看到我著急過河趕集嗎？」兩個人話不投機，就這樣爭執起來了。

就在這個時候，河面上漂來了一葉小舟，舟上面坐著一個胖和尚。和尚剛剛到達橋下，兩個人就不約而同的請和尚來為他們評評理。

這個時候和尚雙手合一，看了看農夫，問他：「你真的很著急嗎？」農夫回答說：「我當然很著急了，晚了的話我就趕不上集市了。」和尚說道：「既然你這麼急著去趕集，你為什麼不先讓路給紳士呢，你沒有看到他馬上就要到對岸了嗎，這樣你就可以趕緊過河了啊。」

當農夫聽完之後一言不發，和尚這個時候又笑著問道紳士：「你為什麼要農夫給你讓路呢？」這個時候紳士說道：「在此之前，我已經給很多人讓過路了，而且我現在馬上就要到橋的盡頭了，如果我還要給農夫讓路的話，我大概今天都過不了橋了。」

和尚聽完紳士的回答反問道：「那你現在是不是就已經過去了呢？你既然已經給別人讓了那麼多次的路，那麼你再讓農夫一次吧，即使你可能過不了橋，至少你保持住了你的風度，這樣做不是很好嗎？當紳士聽完和尚的話以後，羞愧的滿臉通紅。

☆**心靈窗**☆

與人方便就是給自己方便。在生活中能夠謙讓一些，既能夠顯出自己的風度，又能夠減少很多不必要的麻煩。一個人一生堅持一個信念確實很不容易，但是如果你能夠持之以恆的恪守謙讓，寬容待人，這就是難得的風度，是一生寶貴的修養。

## 小不忍，有時則亂大謀

**☆智慧語☆**

有錢也苦，沒錢也苦；閒也苦，忙也苦，世間有哪個人不苦呢？越不能忍耐，越會覺得痛苦，何不把苦當磨煉？——慧忠禪師

**☆藏經閣☆**

唐代有一位宦官叫魚朝恩，他在唐玄宗時期任黃門侍郎，到了唐代宗的時候為「天下觀軍容宣慰處置使」。從此以後，他專管禁兵，權力很大，而且還非常傲慢，什麼東西都想占有。

據說在唐代宗大曆三年（西元七六八年），詔南陽慧忠禪師到宮中傳法。那個時候，唐代宗的屬下有一位非常有才華的奇人，能掐會算，自稱為太白山人，唐代宗對於這個奇人極為的尊敬。南陽慧忠禪師也是一位非常有名的高僧，他稟受了六祖惠能的法脈，隱居在南陽的白崖山黨子谷中長達四十餘年。慧忠禪師這一次受詔入宮，唐代宗便有意讓兩位高人見上一面，

俗話說：「文無第二，武無第一。」慧忠禪師與太白山人一見面，兩個人便互相考校起來了。

慧忠禪師問道：「不知道太白山人您擅長何術？」

太白山人回答道：「我知山知地懂人文，能夠算生算死算萬物。我特別精於演算法，可以說是無所不知，無所不曉。」

慧忠禪師聽完之後微微一笑，說道：「那麼我問你，你所住的山是雄山還是雌山？」這可是從

來沒有人問過的問題，一座山怎麼還會有雌雄之分呢？太白山人自然也是沒有聽說過，當時非常的茫然，不知道如何回答是好。

而慧忠禪師更沒有給他留下什麼喘息的機會，接著問道：「殿上此地是何地？」

太白山人這時說道：「你等等，容我掐算一下。」

慧忠禪師說道：「你不用算了，我知道你認識字，那麼你看看我寫的是什麼？」說完，隨手就在地上寫了一筆。

太白山人立即答道：「是『一』字。」

慧忠禪師接著說道：「如果在『土』上面寫一筆，難道不就是一個『王』字嗎？你所站在的地方也就是王地啊，這難道還需要算一算才知道嗎？」

太白山人無語。慧忠禪師接著又問：「三七是多少？」

太白山人回答說：「是二十一。」

慧忠禪師說道：「難道就不能是十嗎？」

慧忠禪師說完就對唐代宗說道：「這個人，問山不知山，問地不知地，問字不知字，問算不知算，陛下您從哪裡找來這麼一個活寶？」

唐代宗隨即對太白山人說道：「看來，慧忠禪師才是真正的國寶啊！」三個人相視而笑。太白山人也對慧忠禪師的風趣和機敏佩服得五體投地。

然而，慧忠禪師的言詞卻讓殿上的魚朝恩非常氣憤。魚朝恩自負自己懂的很多，精通佛法，但是卻沒有見過慧忠禪師這麼談話機敏的佛門人物。於是他就想：慧忠禪師可以說是高僧，但是卻靠賣嘴皮子取悅別人，這不就是欺世盜名之徒嗎？

於是魚朝恩也想當眾賣弄一下自己的學問，便昂首闊步的來到了慧忠禪師的面前問道：「請問禪師，佛法所謂的無明是什麼？無明從何而起？你既然是當世的名僧，對這個問題肯定有一些心得吧？」

魚朝恩的問話明顯帶有譏諷的意思，慧忠禪師怎麼會聽不出來，於是他便回答道：「人快要死的時候，滿臉都是衰相，這個時候即便是奴才也會問佛法了。」

魚朝恩一聽居然在辱罵自己，不禁大怒，慧忠禪師這個時候卻微微的一笑說道：「大人這就是無明，無明就是從這裡起的。」

而這個時候魚朝恩越想越氣，最後大聲說道：「好你個和尚，你竟然敢辱罵我，天下大事都是聽我的，我看你是活到頭了。」

當時唐代宗聽完這話以後非常生氣，最後便有了殺魚朝恩的想法。後來，他果然被唐代宗設計給殺了。

☆**心靈窗**☆

為人處世應該謙虛謹慎，豁達寬容；千萬不能心胸狹窄，爭強好勝，不然就很容易貽害自身。一個人想在社會上立足，或者是在事業上做出點成績，沒有嚴謹的工作態度是不行的。謹慎行事，才不至於出現偏差，否則往往會產生嚴重的後果。

## 不說破，留給別人思考餘地

**☆智慧語☆**

禪語不會說得太直白，總會留有讓你自己去參悟的餘地。每個人所能領悟到的，也會不一樣。

——良寬禪師

**☆藏經閣☆**

良寬禪師可以說是禪師中認真修行的模範，他一生認真修行，從來都沒有鬆懈過一天，而他的品格也是遠近聞名，人人對他都非常的崇敬。

當他老年的時候，從他的家鄉傳來了一個消息，說良寬禪師的外甥在家鄉不務正業，天天吃喝嫖賭，違法亂紀，家裡的財產都要被他給糟蹋完了。而且更為嚴重的是，良寬禪師的外甥有的時候還危害鄉里，欺男霸女。所以家鄉的人都希望良寬禪師能夠大發慈悲，救救自己的這位外甥，也救救家鄉人。

良寬禪師聽到這個消息之後，不顧自己年事已高，星夜兼程，不辭辛勞，終於回到了自己童年的家鄉。

良寬禪師就這樣和自己多年沒有見面的外甥見面了，這位外甥早就聽說自己的舅舅是大名鼎鼎的人物，心想這下子可以在自己的那些狐朋狗友面前好好吹噓一番了，所以對於良寬禪師大師的到來也是感到非常的高興，還特意設宴接待良寬禪師，留良寬禪師過夜。

家鄉人知道良寬禪師回來了，也非常的高興，心想正好良寬禪師可以對這個不孝的外甥好好教訓一番了。最好能勸外甥回頭，好好做人。而外甥這個時候卻想，自己的舅舅是著名的禪師，如果他教育我，那麼我就可以好好作弄他一下，這樣日後就更能夠在自己的朋友面前耍威風了。

可是出人意料的是，到了晚上，良寬禪師在外甥家的床上坐了一夜並沒有說什麼。外甥不知道這個舅舅葫蘆裡賣的什麼藥，於是就懷著惴惴不安的心情勉強熬到了第二天天亮。

良寬禪師這個時候睜開眼睛，打算穿上自己的草鞋下床離去，可是自己彎下了腰，卻又直起了腰，不經意的回頭看了看外甥說道：「看來我真的是老了，現在做什麼事情兩手直發抖，穿鞋都已經很困難了，你能不能幫我把草鞋的帶子繫上呢？」

於是他的外甥沒有說什麼，非常高興的照辦了。良寬禪師這個時候慈祥的說道：「謝謝你了。年輕真好啊。你看，人老的時候，想做什麼都不行了，都沒那個能力了，不像年輕的時候，想做什麼就做什麼。你自己可要好好的保重啊，趁著自己現在還年輕，要把人做好了，把事業打好基礎，不要等到自己老了，那個時候可什麼都來不及了。」

良寬禪師說完這些話以後就走了，他根本就沒有對外甥的那些不良行為說一句批評的話。可是從良寬禪師走了之後，他的外甥再也不花天酒地，橫行鄉里了，而是改邪歸正，重新做人了。

☆ **心靈窗** ☆

有的時候我們教育別人可以不直說，留給別人一個思考的空間，相信他們能夠透過自己的思考得出正確的結論。這樣的方式遠遠比強行灌輸思想效果要好得多。不然你如果總是對別人嘮嘮叨叨，自己累得要命不說，到頭來不但沒有功勞，可能別人還會對你產生抵觸心理。

## 別太在意，小事不妨裝「糊塗」

☆**智慧語**☆

自在本乎其心，心法本乎無住；無住心體，靈知不昧，性相寂然，包含德用，該攝內外，能深能廣。——澄觀大師

☆**藏經閣**☆

白雲禪師曾經在方會禪師的座下學習參禪，但是學習了很長時間都沒有辦法開悟，方會禪師也為他遲遲找不到入手處而感到非常的著急。

有一天，方會禪師帶著白雲禪師來到了廟前的廣場上面閒談。

方會禪師問道：「你還記得不記得你的師父當初是怎麼開悟的？」

白雲禪師回答道：「我聽說是因為有一天摔了一個大跟頭，之後就突然開悟了。」

方會禪師聽完之後，什麼也沒有說，只是故意發出了幾聲冷笑，轉身就揚長而去了，白雲禪師一下子就愣在了那裡，心想：是不是我哪說的不對了？是不是有什麼地方做的不對了？為什麼大師會突然之間嘲笑我呢？」

從這以後，白雲禪師總是放不下方會禪師的笑聲，於是幾天時間下來，他根本就沒有心思吃飯

了，有的時候就連在睡覺做夢也經常會被方會禪師的笑聲給嚇醒。終於有一天，他實在忍受不了內心的這種煎熬，於是前往方會禪師的禪房請求大師對他明示。

當方會禪師聽了他訴說幾日以來的苦惱之後，說道：「你還記得當時在廣場上面表演的小丑嗎？你和他幾乎沒有什麼不同。」

白雲禪師聽完之後更是大吃一驚，連忙問道：「大師，您說的究竟是什麼意思啊，請您明示弟子。」

方會禪師笑著說道：「你看看小丑，他使出了渾身解數，為的就是能夠博得觀眾的一笑，而你卻害怕別人笑你。何況我那天只不過是朝你笑了笑，你就因為這件事情而不思飯食，寢食難安了。像你這麼在乎外界的看法，連一個表演把戲的小丑都不如，這樣你怎麼能夠參透無心無相的禪法呢？你過多執著於外界的假像，從而生起得失心，所以才會產生很多的痛苦啊！」白雲聞釋聽完之後，立刻就大悟了。

☆ **心靈窗** ☆

在我們平時的生活中，如果一個人對自己的認識不夠，心中不能自主，就會經常受到外界的影響。而自己的喜樂憂苦都會被別人左右，於是便失去了自己。有的時候我們不要太注意別人對自己的想法和看法，你活著不是為了別人，而是為你自己，所以把外界的印象看得淡一些，你生活得也將會更加輕鬆一些。

## 放下爭執，求同存異更有利

☆ **智慧語** ☆

你永遠要寬恕別人，不論他有多壞，甚至他曾傷害過你，你永遠要懂得放下，這樣才能快樂。

——盤珪禪師

☆ **藏經閣** ☆

有一天，盤珪禪師正專心致志的在給弟子們講法誦經，突然，在下面的人群中發生了一陣騷動。當時只見他的一名弟子抓著另一名弟子，手中還拿著一個錢袋，口中大叫道：「終於又讓我抓到你偷錢了。」說著就把他拖到了盤珪禪師的面前，激動的說道：「師父，上次我們抓到他了，就是您讓我們原諒他的，可是他現在還沒有改正，您看吧，他又偷錢了。」

當盤珪禪師問清楚了情況之後，寬容的說道：「我看大家還是原諒他吧，再給他一次改過自新的機會吧！」

「不行，他已經偷竊很多次了，我們不能再寬容他了，這次絕對不能原諒他。」

「就是，對他這樣的人，我們原諒他多少次都是沒有用的。」

「我覺得師父您如果不把他開除了，我們就集體離開這裡！」很多弟子都開始附和著大嚷起來。

盤珪禪師見弟子們都這麼激動，但是他也不生氣，繼續以寬容的口氣對他的弟子們說：「你們都是他的師兄，你們都是能夠分清是非曲直的人。但是他現在連最基本的是非都還沒有分清楚，你們應該來幫助他。如果作為師兄的你們都不能幫助他來明辨是非，那到頭來還有誰會來幫助他呢？」

盤珪禪師接著心平氣和的說道：「我決定要把他繼續留在這裡，哪怕你們全部離開我，我也會堅持我的決定。」當眾弟子聽了盤珪禪師的話以後，一個個驚訝的都說不出話來，他們沒有想到師父真的會為了他能夠不要我們。

這個時候，只看見那位偷竊的弟子一下子就撲通一聲跪在了盤珪禪師的面前，頓時淚流滿面，他開始真心的懺悔，並發誓以後絕對不會再這樣了，一定會洗心革面的，痛改前非，一定不會辜負了師父和眾位師兄的期望。

從此之後，這個偷竊的弟子終於痛改前非，悟出了人生的是非善惡。

☆**心靈窗**☆

佛說：「不要去指責他人。」沒有人願意被別人指責，這就是人性。其實指責別人也是徒勞的，因為那只會引來別人對你的戒備以及毫無意義的爭辯。在生活中，凡事要看開一些，抱怨少一些，懂得洞察一切，原諒一切。

## 多動腦筋，迂回變通顯智慧

☆**智慧語**☆

堅持原則使人成功，執著而不懂得變通，卻是失敗的根源。——老和尚

☆藏經閣☆

有一天，蘇東坡和秦少游在一起吃飯，他們兩個都是才華橫溢的人，可是年輕氣盛，在一起經常談學論道，有的時候兩人互不相讓，最後爭得是面紅耳赤。

這一天兩個人一起去外面遊玩，到了中午，他們感到餓了就來到了一家小飯館吃飯，可是這時候剛好看見在小飯館的門口有一個乞丐，只見這個乞丐蓬頭垢面，由於有很長時間沒有洗澡了，身上都爬滿了蝨子。

而這個時候眼尖的蘇東坡隨口說道：「你看看那個乞丐真髒啊，身上到處都是污垢，而且這些污垢都長出蝨子來了。」

可秦少游卻反駁道：「才不是呢，你錯了，這些蝨子不是從那個乞丐身上的污垢裡面長出來的，而是從棉絮中間長出來的。」

可是蘇東坡也不甘示弱，於是譏諷秦少游說道：「你這麼說有什麼證據嗎？難道你家的棉絮裡面長出了蝨子嗎？」

秦少游聽完蘇東坡的話，當然是非常生氣了，於是說：「你可真是一個惡人，人人都說蝨子是從棉絮裡面長出來的，大概天底下就你這個傻瓜不知道吧。」

結果兩個人就這樣你一句我一句，爭執不下，誰也不肯讓誰。最後兩個人決定去找他們的好朋友佛印禪師做裁判，到底蝨子是從哪生出來的。而且還規定，不管兩個人是誰，只要輸的一方就要請他們吃一桌酒席。

當時蘇東坡求勝心切，於是就私下跑到佛印禪師那裡，請他一定要幫助自己。等蘇東坡走了之後，沒一會兒工夫秦少游也悄悄的來到佛印禪師的住處，也想請禪師幫自己的忙。結果佛印禪師滿口都答應了下來。

蘇東坡和秦少遊兩個人都自以為穩操勝券，心中都在暗暗竊喜，就等待佛印禪師的評判了。

這個時候輪到佛印禪師評判了，只見他不慌不忙的說道：「蝨子的頭部是從污垢當中生出來的，而蝨子的尾部則是從棉絮中生出來的。現在你們兩個人都輸了，是不是都應該請客啊，誰先請呢？哈哈哈。」

蘇東坡和秦少游聽完佛印禪師的評判之後，大呼上當。

☆ **心靈窗** ☆

所謂靈活變通與彈性處理，跟滑頭性格與做事沒有原則是不同的。因時制宜，在某種特定環境中，配合需求，設計出最好的可行方案，這就是所謂彈性處理。

在處理問題時，我們總是習慣性的按照常規思維去思考，如果我們能像佛印禪師那樣，學會靈活變通，那麼你會發現「柳暗花明又一村」。

# 索取越少，得到的反而越多

**☆智慧語☆**

人之偉大，在於奉獻的多少，而不是擁有的多少。——慧律禪師

**☆藏經閣☆**

有一個叫梵志的人，他是一個婆羅門教的教徒。

有一天，他趕到了一個村落為當地的信徒舉行一場祭祀。他日夜兼程，不曾休息，最後一路疾奔，生怕把之前選好的良辰吉日給錯過了。

可是就在這個時候，天空突然間陰暗起來，霎時間豆大的雨滴就落了下來。沒有辦法，梵志只好飛快的跑到一棵大樹下面躲雨，心中想著等到天晴之後再繼續趕路。

漸漸的，雨又小了下來，可是天色還是非常暗，當時藉著那微弱的月光，沿著崎嶇陡峭的岩壁，梵志就好像如履薄冰一般的前進著。

在一處行走艱難的道路上，梵志的腳下突然一滑，踩到了一堆泥濘的爛泥堆裡面，這時他的身體就好像是折斷了翅膀的鳥兒，迅速的就向山谷底下跌去。但是聰明的梵志並沒有因此而感到絕望，他急中生智，張開了自己的雙臂向黑暗的夜空中胡亂抓了一把。就在梵志一陣亂抓之後，他突然就觸及到了倒掛於岩石石頭縫中的一段樹枝。梵志這個時候趕緊用胳膊順勢一勾，這樣一來，他的整個人就好像是一隻折斷翅膀的蜻蜓，懸掛在了半山腰上。

此時，梵志心想：這下可糟糕了，在這樣的地方，而且還是黑夜，是不會有人來救我的。我現在只希望佛陀能夠發發慈悲，以他的神通來保佑我這個異教徒吧。

就在梵志轉動自己心念的時候，突然他聽到了一陣安詳和慈愛的聲音：「梵志，你真的希望我能夠來救你嗎？」

梵志聽完之後心中暗自高興：這不正是佛陀的法音嗎？這個時候梵志仿佛看到了一線光明，於是他扯開自己的嗓子，用盡全身力氣向山崖上喊道：「慈悲的佛陀，我就知道您是無刹不現身，求求您趕快救我上去吧。」

佛陀這個時候語重心長的說：「要我救你並不難，但是你一定要按照我的話去做，這樣我才救得了你。」

「慈悲的佛陀啊，我現在已經到了這個地步，都在這個節骨眼上了，只要您能救我上去，您有什麼要求我都會照辦的。」梵志非常急切的回答道。

「好，那麼你就把抓住樹枝的手放開吧，我好救你。」佛陀平靜的對梵志說。

當梵志一聽佛陀要他放下賴以維繫生命的樹根，好像是遇到了驚天一聲雷，立刻大喊道：「那怎麼能行呢？要是我把樹枝放掉，我不就跌入了山谷之中嗎，那我就死了，我是不會放的。」

這個時候佛陀輕輕皺了皺眉頭說：「你不放下我，我怎麼上來救你呢？」

☆**心靈窗**☆

如果一個人緊緊抓住愚癡不放，我們的生命必將是死寂的，我們的生活也勢必會失去天光雲影共徘徊的源頭活水。如果這樣，怎麼能灑脫？其實，當放下之時，就會有更寬闊的落腳地，才能夠有更多的豐收成果。人生要進步，要快樂，要成功，就需要放下自己的愚昧迂腐，拋棄一些根深蒂固的雜念。

## 遇到強勢，不妨繞個彎

☆**智慧語**☆

人到矮簷下，一定要低頭，因為肯低頭的人，就不會撞到矮簷上。——慧緣禪師

☆**藏經閣**☆

仙崖禪師有一次外出弘法，在路上遇到了一對夫婦吵架。

妻子當時揚起大嗓門喊道：「你算什麼丈夫啊？我的脂粉錢你都沒有給我，我也不說什麼了，可是你連孩子上私塾的錢都拿不出來，你這個窩囊廢，你還像個男人嗎？」

丈夫看見自己的妻子在大庭廣眾之下辱罵自己，不由得就怒從心起，於是就非常的生氣，掄起拳頭就打算打妻子，對妻子吼道：「你這個潑婦，你罵，你再罵，我就打你！」

於是妻子也橫下了一條心：「我就是罵你了，怎麼著吧，你就不像個男人！」

可是這個時候，仙崖禪師轉身對身邊的行人大聲喊道：「大家快來看吧，快來看吧，看鬥雞、鬥蟋蟀都是要交錢的，現在正在鬥人呢，不要門票，大家都趕緊來看啊，真是一個千載難逢的好機會，

大家快來啊！」

這個時候夫妻兩個人還在吵著。

丈夫說：「你要再說一句我不像男人，我就是把你殺了，你信不信？」

妻子說：「你殺一個試試，你殺，你今天不殺，你就不是男人！」

就在這個時候仙崖禪師又說道：「大家趕快來看吧，精彩極了，戰爭又升級了，現在要殺人了，真是難得的好戲啊，快來看呀！」

這時路上的人實在是看不下去了，開始譴責仙崖禪師：「你這個和尚，在這裡大叫什麼啊，人家夫妻吵架你也不知道勸勸，你說你不勸也就算了，可是還在這裡幸災樂禍，好像夫妻吵架你能夠從中得到什麼好處似得。」

仙崖禪師這個時候非常得意的說：「施主你算是說對了，我當然能夠得到好處了，你沒有聽到他們兩個人要殺人嗎？如果丈夫把妻子殺了，他們肯定會請和尚念經吧，念經的時候，我不就有了紅包可以拿了嗎？」

當仙崖禪師說完這句話後，路人就更加氣憤了，對仙崖禪師吼道：「真是豈有此理，為了紅包你就希望別人死人，天底下怎麼會有你這樣的和尚啊？你才應該早死呢？」

結果這麼一鬧，就是連吵架的夫婦都停止了爭吵，雙方於是不約而同的圍了上來聽聽仙崖禪師和這個人爭吵一些什麼。

仙崖禪師這個時候看見自己吸引了吵架夫婦的注意力，於是才微笑著大聲說道：「希望不死也可以啊，那我就要去說法了。」

這個時候其他的人也圍過來了，仙崖禪師不慌不忙的對眾人開始說道：「再厚的寒冰也會在太陽出來的時候被融化掉；再冷的飯菜，只要點燃火就會煮熟；夫妻既然能夠生活在一起，就是有緣分，我們要做太陽，要懂得溫暖別人，希望這兩位夫婦能夠相親相愛。」

這個時候，路人才明白仙崖禪師的用意，夫妻兩個人才意識到自己的失態，互相道歉之後，就高高興興的回家了。

☆**心靈窗**☆

禪的一種境界就是隨機應變，妙趣橫生，當我們在非常時期，遇到事情的時候不妨採取一些非常手段，這樣往往能夠達到意想不到的效果。

## 今天成他人之美，明天他人成你之美

☆**智慧語**☆

髒話永遠不要出自於我們的口中，不管他有多壞，有多惡。你愈罵他，你的心就被污染了，你要想，他就是你的善知識。——老和尚

☆**藏經閣**☆

有一天，佛祖忙完了善事，就向地獄之井走去。當佛祖從井口往下看的時候，看到的是一幅慘

不忍睹的景象。原來許多生前犯了很多罪孽的人都在這裡忍受著煉獄般的煎熬，他們看起來是那麼的痛苦。

這個時候，有一個生前做過強盜的人在不經意之間發現了佛祖，於是他就懷著很激動的心情向佛祖表示自己的懺悔之心，因為他希望能夠得到佛祖的寬恕。其實佛祖知道這個強盜生前殺了很多人，而且還霸占了別人很多的財產，可以說是犯下了不可饒恕的罪孽。

於是佛祖想了想，突然就回憶起強盜當年所做過的一次善事。

有一天，強盜走在路上的時候，看見自己腳下有一隻小蜘蛛，當他正要踩上去的時候，突然，一種善念在他的腦海中掠過，於是他把小蜘蛛輕輕趕走之後，才大步向前走去，這件事情可以說是強盜一生中所做的為數不多的善事之一。

當佛祖想到這裡的時候，他認為這個強盜還是有一些惻隱之心的，於是就決定再給他一次機會，佛祖想用那只被他救了的小蜘蛛再來救他。於是就慢慢的從井口垂下了一根蜘蛛絲。強盜看見佛祖開恩了，於是內心非常的感激，拼命的抓住那根蜘蛛絲，然後就用盡全身的力氣努力向上爬著。

很快，強盜逃離苦海的行動就被別人看見了，於是在地獄井裡面備受煎熬的人們怎麼可能放過這個機會呢，大家都開始朝著蜘蛛絲蜂擁而至，都緊緊的抓住那根蜘蛛絲不放。當強盜看見之後，非常的氣憤，於是破口大罵，但是不管他怎麼惡語相罵，蜂擁而至的人就是不肯鬆開手。

眼看拉住蜘蛛絲的人越來越多，強盜心裡開始害怕起來。因為他擔心蜘蛛絲會斷掉，於是就用刀狠狠的向自己身下的蜘蛛絲砍去。可是就在這一瞬間，蜘蛛絲突然一下就完全消失了，結果強盜又掉入了萬劫不復的地獄井裡。「為什麼會這樣？」強盜問道。

佛祖這個時候回答說：「因為你把自己最後一點憐憫心都給丟掉了，所以我是不可能救你的。」

☆**心靈窗**☆

其實，在我們生活中一個很小的善舉可能會拯救很多人的生命，而有的時候一個很小的惡行就會毀掉一個人的一生。所以，勿以善小而不為，勿以惡小而為之，如果一個人能夠有一顆善良的心，能夠去更多的幫助別人，那麼就能夠在幫助別人的同時使自己得到幸福和快樂。

## 忍辱，也是一種大修養

☆**智慧語**☆

忍辱是為人處世的一個法寶。首先要把自己和別人放平了，不要看不起人，不要欺負人，不要因為自己得道了，居高臨下。——妙華法師

☆**藏經閣**☆

白隱禪師是日本江戶時代著名的禪師，他從來都不追求名利，一生都住在鄉下的小廟裡面，以著作和說法來度化眾生，培養出了很多有名的高僧，比如說東嶺圓慈、峨山慈棹等等。

有一次，一個武士慕名前去拜訪白隱禪師，等到兩個人見面以後，武士畢恭畢敬的問白隱禪師：「禪師，您所描述的地獄和極樂之說到底是真實的呢，還是自己憑藉想像，虛構出來的呢？你說的

如果是真實的話，那就請禪師帶我去參觀一下吧。」

白隱禪師聽完之後，沉默了幾分鐘，突然破口大罵，而且罵的是極為難聽。

對於這種突發的情況，武士根本沒有想到，於是武士感到非常的吃驚，因為他沒有想到一個德高望重的老禪師居然會罵出這麼難聽的話來。但是作為武士，他還是克制住了自己內心的怒火，保持了一個武士應該具有的修養。

可是，再看看白隱禪師卻沒一絲打算停下來的意思，而且是越來越過分，到了最後甚至開始嘲弄武士的劍法非常差，連一隻老鼠都砍不死。

當武士聽到這句話以後終於忍不住了，立刻拔出腰裡的佩劍，準備刺向白隱禪師，而且這個時候武士也罵道：「你這個老禿驢豈有此理，我誠懇的來向你請教，你怎麼可以出口傷人呢，你怎麼能夠這樣來羞辱我呢？」

就這樣，殺氣騰騰的武士用劍指著禪師的鼻子，一步步把禪師逼到了牆邊的角落裡。而當白隱禪師已經退到牆角的時候，仍然非常平靜的說道：「你不是要我帶你去參觀地獄嗎，你看看吧，現在就是地獄。」

當武士聽完白隱禪師的話以後，覺察到自己失態了，明白了白隱禪師的良苦用心，於是他把手上的劍趕緊丟掉，跪在地上向白隱禪師道歉：「大師，實在是對不起，剛才我太過魯莽，請您原諒。」

白隱禪師這個時候微微笑道說：「哈哈，武士，現在就是極樂世界了，你感覺到了嗎？」

☆**心靈窗**☆

其實，武士請教白隱禪師的極樂世界和地獄就在我們每個人的心中。一念之間，你就可以身處極樂世界，也可以身處地獄，而最為關鍵的就是看你怎麼對待人生。

如果我們每個人都能夠處處忍耐克制，善待他人，與別人和睦相處，那麼我們現在就處於極樂世界；如果什麼事情都是斤斤計較，事事與別人為難，彼此之間沒有信任，相互攻擊，那麼我們的世界就成為了地獄。所以，我們一定要以一顆善良的心來面對世界。

# 第三章　切勿貪心，懂得知足才是真幸福

## 多，不一定就是好

☆**智慧語**☆

心中常存知足、善解、感恩、包容。敬重貴人，禮待小人。真正的妙法是由智慧流露出來，真正的慈悲是用智慧的力量去推動。——佛光禪師

☆**藏經閣**☆

朱慈目居士是一個對淨土法門非常有修持的信徒。有一天，他去拜訪佛光禪師，結果兩個人見面之後，他就問佛光禪師：「大師，我一直非常虔誠的拜佛已經有二十多年了，但是我最近感覺自己在持佛號的時候和往前不太一樣，這是怎麼回事呢？」

佛光禪師問道：「哪裡感到不一樣呢？」

朱慈目居士回答說：「過去每當我在持佛號的時候都能感覺到心中一直有著佛性，哪怕是嘴裡不念出來，心中仍然可以感覺到佛聲綿綿不絕。怎麼說呢，就是不持佛號這種聲音在我的心中就向小溪一樣，流淌不息，感覺非常的強烈。」

佛光禪師聽完之後非常高興的說道：「這非常好啊，說明你念佛已經念到一定境界了，能夠與

佛心相應了，可以說找到自我的真心了。」

可是這個時候朱慈目居士卻說：「但是現在不行了，因為我已經感覺不到這種聲音了，所以我總是為此感到很苦惱，覺得自己的真心不見了，每當想起這件事情的時候，內心就感到不安和恐懼。」

佛光禪師聽完朱慈目居士的話之後，非常疑惑的問道：「真心怎麼會不見了呢？」

朱慈目居士面帶痛苦的表情說道：「我與佛之間已經不能達到心心相印了，而且以前心中的佛聲綿綿不斷的情況也沒有了。我現在想要找回來，但是怎麼樣都無法找回。大師，我真的是非常痛苦，請您開示弟子吧，我該到什麼地方去尋找真心呢？」

佛光禪師聽完之後笑著說道：「你應該知道，你的真心就在你的身上啊！」

朱慈目居士問道：「大師，既然您說在我身上，那麼我為什麼感覺不到呢？」

佛光禪師回答道：「因為你現在有了太多的欲念，而且你也總是妄想一些東西，所以真心就此離開了你。」

信徒朱慈目居士聽完之後如有所悟。

佛光禪師繼續說道：「這正如永嘉大師所說『君不見，絕學無為閒道人，不除妄想不求真，無明實性即佛性，幻化空身即法身，法身覺了無一物，本源自性天真佛。』」

☆ **心靈窗** ☆

我們有的時候為什麼會迷惑？就是因為被一些欲念，妄想掩蓋住了我們的真心，所以最後到頭來迷失自我。迷茫痛苦其實並不可怕，只要丟掉了我們心中的一些不切合實際的想法，我們就可以重新找我自我。其實最為可怕的就是我們失去了自我，但是自己還不知道悔過，於是就這樣一直在錯誤裡面打轉，永遠找不到真我。

## 上進心，千萬不能變了味

**☆智慧語☆**

經常的不肯妥協，不滿於現狀，捨了這個，下一個可能更差，過多的欲求往往使你失去眼前的幸福，有時應學會遷就。——佛陀

**☆藏經閣☆**

曾經有一位禪宗大師常年隱居在山林中。因為他的名聲很大，所以很多人都是千里迢迢的來找他，希望能夠得到他的點化。

有一次，一群人結伴而行來到山中，發現老禪師正在從山谷中挑水。他挑得並不是很多，兩隻木桶裡面的水都沒有裝滿。

其實，大家想的是禪師這麼厲害，應該能夠挑很大的一個桶，而且桶裡的水都是滿滿的。這個時候人們開始問道：「大師，這是什麼道理呢？」

大師回答說：「挑水之道並不在於挑得多，如果是一味的貪多，往往會收到適得其反的效果。」

眾人聽完之後更加不能理解了。

於是，大師從他們人中拉出了一個人，讓他重新從山谷裡面打了滿滿的兩大桶水。明顯的就能看出來這個人挑起來很吃力，走起路來搖搖晃晃的，沒有走幾步就跌倒在地上了，不僅把水全灑了，而且自己的膝蓋也給磕破了。

這個時候大師說道：「你看，水灑了，這不是還要回頭去重新打一桶嗎？膝蓋破了，走路就更困難了，這樣挑水的話不是比剛才挑的還要少嗎？」

這個時候大家都覺得大師說的非常有道理，於是接著問道：「那麼，大師，請問挑多少才合適呢？」

大師笑道：「你們看這個水桶。」只見在大師的水桶裡面劃著一條線。「其實，這條線就是底線，裝的水是絕對不能超過這條線的，如果高於這條線，就會超過自己的能力和需要，當然，在剛開始的時候我們還需要經常去看看這條線，等挑水的次數多了，以後就不用再看了，只要憑自己的感覺就可以了。有了這條線，就可以提醒我們，做任何事情都需要盡力而為，當然更要量力而行。」

大家聽完之後又問道：「那麼，底線應該是多低呢？」

大師接著笑著說：「這個就是因人而異了，當然越低越好。因為越低的目標，對於我們來說就越容易實現，所以人也就不會有挫折感，相反會給自己帶來很強的自信心，激發更大的興趣和熱情，如果長期下去，做到循序漸進，自然就會挑得更多，挑得更穩了。」

**☆心靈窗☆**

「一口吃不成大胖子。」不論是學習，工作，生活，交友，我們都應該為自己找到一個合理的底線。挑水就如同做人，要想水不溢出來，不浪費，自己不跌倒，就要懂得循序漸進，量力而行，這樣就能夠避免許多無謂的付出與挫折。

## 放下比較，活在自己的角色裡

☆**智慧語**☆

知足就是不比較，知足無求，知足方能常樂。——老和尚

☆**藏經閣**☆

有一個小沙彌，他喜歡種植一些花花草草。有一次，他在自己的花園裡面種了一棵花苗，為了能夠看自己的花苗一天天成長，他每天都要到花園裡面去看幾遍，老和尚也把小沙彌的這一舉動看在眼裡。

這一天，老和尚又發現小沙彌在看花苗了，於是就走上前去，當小沙彌看見老和尚走過來之後，問道：「師父，有什麼辦法能夠讓花苗長的快一點嗎？」

老和尚聽後笑道：「哈哈，凡事不能要求速度，要能持久，這才能更高更大。」

小沙彌聽後「啊」了一聲，面露驚訝的神情。

這個時候老和尚對小沙彌說：「我給你講一個佛經上的故事吧：在很久以前有一個很愚癡的國王，他看到皇后為他生了一個女兒，只有手掌般大小，顯得非常不高興，所以國王要求大臣們想一

個能夠使自己女兒快速長大的辦法。

有一位非常聰明的大臣對國王說道，「我要把公主帶到海外去尋找求仙的藥物，但是在求仙的這段時間裡，國王您和公主是不能夠見面的。」國王聽後就答應了大臣。

經過十五年之後，大臣帶著公主回國了。國王一看，公主已經長成了一位亭亭玉立的少女，心中非常的高興，於是下令重賞了這位大臣。」

當小沙彌聽完老和尚給他講的這個故事之後，似乎明白了其中的道理。他接著對老和尚說道：「師父，在這個世界上根本就沒有立刻能夠長大的法術或者是藥物，公主還是和其他的人一樣，也是一年一年慢慢長大成人的。」

老和尚聽完之後，哈哈的笑了，對小沙彌說：「你終於明白了。什麼事情都是需要按部就班，循序漸進的，我們不能一味的追求速度，不然是經不住考驗的。所以你種植的花苗，當然也要經過時間的歷練，才能夠長得又高又壯啊。」

☆**心靈窗**☆

老實為人、踏實做事是一個人最重要的人生態度，更是一個人想成就一番事業，實現目標的關鍵因素。而自以為是則是腳踏實地最大的敵人。我們要想實現自己的理想就必須調整好自己的心態，腳踏實地的從眼下開始做事，不斷提高自己的能力，為自己的人生之路積聚雄厚的實力。

## 珍惜現在，人生只在呼吸之間

☆**智慧語**☆

生命中很多事情，你錯過了一個時辰，你可能就錯過了一生。——老禪師

☆**藏經閣**☆

有一位老禪師帶著自己的一個得意徒弟學僧出門雲遊，在路上，學僧就背著行李緊緊的跟在禪師的後面，一路上兩個人相互照應，相依為伴。

學僧走著走著不禁想到：「人生短短數十年，但是卻要經歷生老病死，受六道輪迴的痛苦，人生還真是苦啊。現在我既然要修行，就要立志當菩薩來挽救眾生，所以，我不能馬虎大意，必須認真修行，這才是正道啊。」

學僧想到這裡，突然老禪師停下了腳步，面帶笑容的回過頭來對他說：「來，你把身上的包袱給我背，你現在走到我的前面去。」雖然學僧當時沒有明白到底是怎麼回事，但是師父的命令是不允許違抗的，於是他仍然按照老禪師的要求把身上的包袱給了師父，自己走在了前面。

就這樣又走了一會兒，學僧開始覺得這樣真的是逍遙自在啊，而佛經裡面卻說，修佛必須要順應眾生的需要而行各種布施，「這樣真是太辛苦了，更何況天下眾生的苦難那麼多，到什麼時候才能救得完呢，還不如就這樣獨自一個人，過這種逍遙自在的日子。」

當學僧這個念頭剛剛想起的時候，學僧就聽見老禪師非常嚴厲的對他說：「你別走了。」學僧

這個時候覺得莫名其妙，於是就回頭看了看師父，發現老禪師一臉嚴肅的表情，於是嚇了一跳。老禪師隨後就把包袱拿給他說：「你把包袱背好了，現在跟在我的後面走。」

學僧這時心中又想：「做人真是苦啊，才快樂了這麼一小會兒時間，現在又變得這麼難過了，人的心念也真的像天空的白雲一樣漂浮不定啊！凡夫俗子的心是非常容易動搖的，還是修佛好啊，最起碼修佛我可以面對苦難眾生，能夠和很多人結下好的善緣，甚至能夠做一些幫助他們的事情。」

就在這個時候，老禪師看著學僧，面帶笑容的對著他一邊說，一邊又將學僧背上的包袱拿到了自己的手上，還讓學僧走在自己的前面。

於是就這樣反反覆覆了好幾次之後，學僧終於忍不住心中的疑惑而問道：「師父，您今天到底是怎麼了，為什麼一會兒讓我走到您的前面，一會兒又要我走到您的後面，這到底是為什麼啊？」

老禪師聽了學僧的話以後笑著答道：「你雖然有心在修行，但是修行的心還不是很堅定。當你感動的時候就開始大發願望，卻很快又失去了興趣，你總是這個樣子是不可能修出正果的。」

聽了老禪師的話，學僧感到非常內疚。當他又生起佛心的時候，老禪師再要他走在前面，他再也不敢了。

學僧對老禪師說：「師父，我這次是真正的發了修行的心，要以萬丈高樓平地起的大心大願作為基礎，一步一步的來修成正果。」

老禪師聽了學僧的話以後非常高興，對學僧也是起了讚美和尊重之心，在日後的旅程中，兩個人有說有笑，並肩而行。

☆**心靈窗**☆

世事無常，今日雖平常，明日卻難料，有的時候真的是苦海無邊，回頭是岸，在人的一生中，我們總要學會面對，能夠珍惜眼前，淡化貪念，放自己一條生路，才是人生的大智慧。

## 拋棄貪心，禍根就會遠離

☆**智慧語**☆

如果你不給自己煩惱，別人也永遠不可能給你煩惱。因為你自己的內心，你放不下。——佛祖

☆**藏經閣**☆

曾經有兄弟兩個人，他們的生活非常的貧困，可以說是一貧如洗，以至於他們連床都買不起，每天晚上兄弟兩個人只能在長凳子上面睡覺。

有一天，佛祖看見這兄弟兩個人實在是太窮了，不忍心看他們每天都過這麼貧困的生活，於是就悄悄對他們兩個人說：「你們過了這座山，完了再翻一座山就可以到達太陽山了，而在太陽山有很多的金子，你們可以去挖一些金子回來，這樣你的生活就可以富裕一點的，但是你們一定要記住，必須在太陽升起來之前就要趕回來。不然的話，當太陽一升起，那麼你們就會被曬死的。」

當兄弟兩個人聽完佛祖的話以後，顯得非常的高興和興奮，於是兩個人連忙向佛祖表示感謝，還保證在太陽升起來之前一定會趕回來的。

於是第二天一大早，兄弟兩個人就出發了，他們一人手裡拿著一個麻袋就向太陽山前進。他們走啊走，翻過了兩座大山，終於來到太陽山了。

兄弟兩個人看見這裡到處都是金子，簡直高興壞了，他們開始拼命的往袋子裡面裝金子，這個時候弟弟對哥哥說道：「哥哥，如果這裡所有的金子都是我們的就好了。」

哥哥卻說道：「我們趕緊裝吧，太陽馬上就要升起來了，我們必須趕緊下山。」

可是弟弟卻戀戀不捨的，因為他看到太陽山到處都是金子，早就把當初佛祖對他們的忠告忘記的一乾二淨了，最後實在沒有辦法了，哥哥只好自己下山了，而弟弟卻因為貪戀金子，留在了太陽山。

哥哥帶著自己從太陽山挖到的金子，回來之後自己做起了小買賣，結果沒有幾年的時間買賣越做越大，發了財，也結婚生子了，小日子過得是十分富裕。然而那個可憐的弟弟，卻永遠留在了太陽山上。因為當太陽升起來的時候，弟弟才猛然想起當初佛祖對他們哥倆的忠告，但是這個時候已經晚了，只見整座太陽山已經開始融化，弟弟再也回不來了。

**☆心靈窗☆**

終歸還是一個「貪」字害了他，禪講究的是緣分，是你的跑不掉，不是你的再怎麼努力也得不到。所以，我們平時應該多注意修身養性，保持淡泊的人生和知足常樂的心態，這樣才能使自己體會到無窮無盡的樂趣，從而達到人生的理想境界。

其實利欲之心每個人都有，問題是自己要控制好，不能把什麼都看得太重了。一旦快要接近極限，就應該及時抽身，跳出這個圈子，萬萬不可為了利欲之爭而捨棄一切，不然這就是自己在給自己挖掘墳墓。

## 誘惑面前，減少一些欲望

☆**智慧語**☆

什麼叫坐禪呢？對外界一切善惡環境不起心念叫坐；對內自性不動叫禪。什麼叫禪定呢？對外能擺脫一切現象的干擾為禪，內心不亂為定，外禪內定，就是禪定。——六祖大師

☆**藏經閣**☆

在日本東京郊外的一個荒山上，有一座水準寺，在寺裡面住著一位叫北野一郎的老禪師，他就是這個寺廟的住持，已經在寺廟裡面修行了很多年，可以說是道義高深。

北野一郎從小就對佛教和中國文化有著十分濃厚的興趣，經常去四方雲遊，蒐羅了很多佛教的素材。

這一年的秋天，北野一郎來到了南方，在行走的過程中突然天降大雨，於是他只好急急忙忙的找地方避雨。他找呀找，經過一番周折之後終於看到了一座破舊的寺廟。北野一郎急不可耐的推門而入，但是眼前的一幕卻把他嚇到了，只見一位老者正在牆角坐著，嘴裡大口大口的抽著煙。

當老者看見北野一郎進來以後，就停止了抽煙而和他說起了話。老者看見北野一郎被大雨淋得渾身直打哆嗦，於是就給了北野一郎一袋煙絲，當時北野一郎是饑寒交迫，所以想也沒有多想就

接受了。

當北野一郎自己抽完之後，讚不絕口，感到非常的舒服，沒有一會兒，一袋煙就抽完了，但是北野一郎仍然陶醉在其中，還在閉著眼睛慢慢的品味。老者見狀，於是就送給他了一根煙管和一些煙草，等到天氣放晴了，兩個人就分道揚鑣了。

北野一郎拿著老者送給他的煙管和煙草，心中不禁想到：「這東西真是太神奇了，抽完之後讓我感覺好像是在夢遊仙境一樣，這東西到是好啊，就是怕最後影響禪定。」於是北野一郎想了又想，還是決定丟掉了煙草和煙管繼續去雲遊四方。

就這樣一年時間過去了，北野一郎又迷上了易經，並且還準備進行深入的研究。當時天氣已經進入了深秋，馬上冬天就要到了，他現在急需一些過冬穿的衣服，但是北野一郎這個時候身在異鄉，身上又沒有多少盤纏。於是他給自己的朋友寫了一封信，希望自己的朋友能夠幫忙給他郵寄點過冬的衣服。

可是已經下了好幾場雪了，他就這樣焦急的等待著，但是左等右等，就是沒有見到衣服的影子，而且也沒有其他消息。就這樣，眼看冬天馬上就要過去了，可是還沒有任何消息，最後北野一郎想來想去，不能這樣乾等下去。

「對了，我現在不是在研究易經嗎，聽說用易經來占卜是非常準的。」這天他忽然想到這一點，於是北野一郎開始利用易經的道理來占卜這件事，最後得出個結果，顯示讓人帶出的信並沒有真正帶到朋友的手中。

沒有過多長時間，他的朋友給他來了一封信，但是信裡卻沒有提到衣服的事情。這個時候北野一郎覺得易經真的是太奇妙了，推算的竟然是如此的準確，那我就要好好進行研究了。但是北野一郎轉念一想，這樣不行啊，這樣以來不就影響到我的靜心修禪了嗎？最後北野一郎經過前思後想，決定把這個念頭打消了。

又過了兩年，北野一郎又喜歡上了書法和唐詩，整日都沉醉在其中，不亦樂乎。由於他的認真學習，功夫也是日益漸長，居然也能夠舞文弄墨、作詩賦詞了。但是北野一郎又想：「如果我整日這樣下去，恐怕我就要成為書法家和詩人了，但是我哪還能修練禪定呢？這樣不又是違背了我當初的想法嗎？」於是他不再迷戀書法和唐詩，而去用心修行，專心禪定，最後終於成為了有名的禪師。

☆**心靈窗**☆

做事要心靜，心安，心明。不能不分主次，要從一而終，不可三心二意。抵抗住紛繁世事的誘惑，你才能用心專一，心中無雜念，成就大事。

## 與人比較，讓自己更加煩惱

☆**智慧語**☆

空手把鋤頭，步行騎水牛。人從橋上過，橋流水不流。有物先天地，無形本寂寥。能為萬象主，不逐四時凋。——傅大士

☆**藏經閣**☆

從前有一個讀書人，沒有什麼大的學問，可是不管遇見什麼事情都喜歡與人爭辯。

有一天，這個讀書人打算到海空禪師那裡去，說是請教海空禪師，其實就是想刁難一下海空禪師。

當他見到海空禪師之後，問道：「凡是大車的車身下面和駱駝的脖子上面都會繫著鈴鐺，這是為什麼呢？」

海空禪師回答道：「大車和駱駝都是很大的，而車和駱駝又經常是在夜間趕路，所以人們給他們掛上鈴鐺，是為了在雙方離得還很遠的地方就能夠互相得到訊息，以免狹路相逢，發生碰撞。」

結果海空禪師剛剛說完，這個讀書人又問道：「那佛塔的頂端也掛著鈴鐺呢，難道也是為了方便夜間行走，避免相撞嗎？」

這個時候海空禪師笑了笑說道：「你這個人真是死板啊，你難道沒有看見有很多的鳥雀總是喜歡在高處的屋頂上面築巢嗎？在它們築巢的地方當然會拉下很多它們的糞便了。在佛塔上面掛上會響的鈴鐺，那麼鳥和雀就不敢來築巢了。你問的這個問題完全和你剛才問的駱駝、大車掛鈴鐺的問題毫不相干。」

這個讀書人好像很不知趣，他又問海空禪師，獵鷹、鷂子的尾巴上面也會帶著小鈴鐺，難道這也是為了防止鳥和雀在它們的尾巴上面築巢嗎？」

海空禪師聽完之後笑得更厲害了，他說道：「看你是一個讀書人，你到底是在故意裝傻還是真的不開竅呢？獵鷹、鴿子是用來捕捉鳥獸的，它們會經常飛到樹林或者是灌木叢中，由於它們的腳上都綁有束腳的繩子，而這繩子很容易就被樹枝纏到，當獵鷹、鴿子掙扎不開的時候，它們尾巴上的小鈴鐺就會響起來，而獵人聽到了這個聲音，就知道它們在什麼地方了，很快就可以找到它們。獵鷹、鴿子尾巴上面繫鈴鐺和鳥雀築巢是一點關係都沒有。」

這個讀書人還是不甘心，又繼續糾纏著問海空禪師：「我曾經見過送葬的隊伍，在送葬隊伍的前面總是會有一個人拿著一個小鈴鐺，當時我還不知道這個人在做什麼的，現在我才明白，原來他是被樹枝纏住腳。」

這位讀書人總是拿一些毫不相干的問題去「請教」海空禪師，無非就是為了表現自己的學識淵博，但是他這麼毫不相干，牽強附會，自以為是，反而把自己顯得更加的淺薄和無知了。

☆**心靈窗**☆

在我們生活中，總是有一些人喜歡與別人比較，甚至把一些毫不相干的東西硬給扯到一起，與別人辯論，而且自以為自己很聰明，其實這些都是無益之辨，徒勞無益的。

## 一花一世界，一樹一菩提

☆**智慧語**☆

修行不僅要有誠心，更要有恆心，不是一朝一夕而是時刻如是，平時不要講那麼多話，舌尖頂

上顎，有口水時咽下，那是甘露水。——靜心禪師

☆**藏經閣**☆

六祖惠能出身非常貧寒，沒有錢上學，什麼字也不認識，但是從小卻恪守孝道，自己每天上山打柴來養活母親。

有一天，六祖惠能從山上砍柴回來的路上聽見有和尚在念經，於是就停下腳步認真的聽著。當他聽到「應無所住而生其心」這句話的時候，激動之情溢於言表。當時和尚發現了六祖惠能，並且仔細觀察他，發現六祖惠能對佛經很感興趣，便告訴他說這是《金剛經》裡面記載的一句話。當時黃梅山的弘忍禪師正在講法授經，教化別人見性成佛的道理。而六祖惠能聽完這句話後，就決定立志出家，於是就帶上自己的老母親到了黃梅山。

六祖惠能剛剛來到黃梅山，由於他是新人，所以他只能每天在米房淘米，但是即使這樣六祖惠能還是堅持每天暗中修行。隨著時間長了，六祖惠能終於領悟到了「應無所住而生其心」的意思就是說「一切存在都離不開心」。

俗話說，「功夫不負有心人」，弘忍禪師終於知道了六祖惠能的求道之志，於是就把他叫到自己的禪房裡告訴六祖惠能：「不知心，學佛無益，看清此心便為佛。」六祖惠能聽完之後就更加用心修行。

就這樣幾個月時間過去了，有一天弘忍禪師對弟子們說道：「我將不久離開人世，我想把禪法傳給你們其中的一位，我只要一個條件，誰只要把自己的悟境能夠寫出來，且能切中禪法的精髓，

我就會把禪法傳給他。」

當時，弘忍禪師有弟子八百多人，但是卻沒有一個人敢於去把自己的悟境寫出來。後來有一位高徒神秀終於寫出了一首詩，並且貼在大殿的佛壁之上，「身是菩提樹，心如明鏡台。時時勤拂拭，莫使染塵埃。」當別的僧人看到這首詩以後，都是連連稱讚，就是連弘忍禪師看了以後也說非常好。

但是六祖惠能看後卻說：「神秀寫的這幾句雖然寫的比較真實，但是還不是最好的。」當時大家聽了六祖惠能的話以後並沒有當回事，因為神秀既懂得內外之學，而且又經常聽弘忍禪師講道，可以說是威望很高。但是六祖惠能在別人眼中只不過是一介樵夫，天天洗米的一個小僧。當時大家都用非常鄙視的眼光看著六祖惠能。

六祖惠能見狀就立刻寫了一首：「菩提本無樹，明鏡亦非台。本來無一物，何處惹塵埃。」等六祖惠能寫完之後，大家看到之後感到非常的驚訝，真沒有想到一個小小的淘米小僧，居然一語就道破了天機，最後弘忍禪師終於把禪法傳給了六祖惠能。

☆ **心靈窗** ☆

禪與佛的精髓就在於：心中無物，四大皆空。修行禪定無欲無求，方成正果。在現實中雖然我們很難做到「本來無一物」，但是在平時也應該經常「時時勤拂拭」，從而消除心中的雜念，最後專心做事，這樣才能夠達到人生和事業的最高境界。

## 欲望無止境，順其自然是最真

**☆智慧語☆**

擁有一顆清淨心，是幸福之源泉。——燃燈法師

**☆藏經閣☆**

珠光是日本一位非常著名的禪師，他曾經在一休門下修行。由於珠光禪師的悟性很高，所以他的進步很快。但是珠光禪師有一個不好的習慣，就是在禪房打坐的時候容易犯睏，所以使他在眾人面前覺得非常的不好意思。

於是珠光禪師有一天去看醫生，看有沒有什麼辦法能夠把這個問題解決了。當時醫生建議珠光禪師最好能夠經常去喝喝茶。珠光禪師接受了醫生的建議，從此以後每天早晚各喝一杯茶，結果沒有過多長時間，果然治好了這個壞毛病。

由於珠光禪師每天都喝茶，於是就養成了一個喝茶的習慣。在每次仔細品茶的過程中，慢慢發現喝茶其實也是有一定規律和規矩的，不同的茶是有不同的喝法的，於是珠光禪師就開始創造不同茶葉該如何喝的規矩。

有一天，珠光禪師剛剛制定完了一道茶規，一休大師就走了進來，問道：「我們該以什麼樣的心情來喝茶呢？」

於是珠光禪師回答道：「榮西禪師曾經說過，應該為了健康而喝茶，平心靜氣。」一休又問道：「有一位修行僧問趙州佛法，趙州回答『吃茶去』，對此，你怎麼想？」

珠光禪師沒有說話。

一休讓侍者拿來了一碗茶，並把這茶給了珠光。當時珠光禪師剛把茶接到手上，一休便破口大罵，同時還將茶杯打到了地上。

珠光禪師還是沒有說話，過了一會兒，他起身向一休行了一禮，轉身就向禪房走去。一休大聲喊道：「珠光！」珠光禪師應答道：「是！」然後就回過頭來望著一休。

一休禪師問道：「茶碗已經打落在地，你還有茶喝嗎？」

珠光作兩手捧碗狀，說道：「弟子仍在喝茶。」

一休禪師不肯作罷，追問道：「你已經準備離此他去，怎可說還在喝茶？」

珠光誠懇地說道：「弟子到那邊喝茶。」

「剛才我問你應該以什麼樣的心情喝茶呢，你只懂得這邊喝茶那邊喝茶，可是全無心得，如此無心喝茶，又會怎麼樣呢？」一休大師開始步步緊逼。

珠光禪師於是不緊不慢的的答道：「花紅柳綠。」

這時一休馬上就意識到，珠光禪師已經開悟了，於是他立即宣布珠光禪師修行完畢了，最後圓滿出師。

☆ **心靈窗** ☆

任何事情都是超然物外的，能夠順其自然，不要總是為了一些目的去做事。我們可以去瞭解一下老子的「無為」思想，你可能會體會的更加深刻。生活越是多一份淡然，多一份自然，你就越能體會到生活的真諦。

## 隨遇而安，也是一種不錯的選擇

**☆ 智慧語 ☆**

隨不是跟隨，是順其自然，不怨懟、不躁進、不過度、不強求；隨不是隨便，是把握機緣，不悲觀、不刻板、不慌亂、不忘形。——厚山大師

**☆ 藏經閣 ☆**

有一次，厚山大師帶著他的幾個弟子去呂梁山遊覽觀賞美妙的大自然景色。只見呂梁山的瀑布飛流直下，從三千仞的高處直瀉而下，濺起的水珠飛沫能夠飛到四十餘里的外面。瀑布下來之後就沖成了一條水流湍急的河流，就連魚類、鱉類等水族動物都不敢在此遊玩。

可是，厚山大師卻突然發現一個男子跳入了水中。厚山大師當時大吃一驚，以為這名男子有什麼想不開的事情，打算尋短見呢，於是，厚山大師立即命令自己的徒弟順著水流趕緊去救這個男子。

不料沒有過多長時間，這位男子就在前面不遠幾百步的地方浮出了水面，自己上了岸，而且還披著頭髮，唱著歌曲，悠然自得的在河岸邊走著。

這個時候厚山大師快走幾步迎上前去，誠懇的問道：「我還以為你是神仙呢，仔細一看，您也是一個人啊，請問您在水下游泳有什麼祕訣沒有啊？」

這個男子爽朗的一笑：「沒有，我在水下游泳還真的沒有什麼祕訣，我只不過是順著漩渦一直潛到水底下，又順著漩渦的翻滾而露出水面，完全能夠順著水流本身的規律，而不是以自己的生死

得失來左右自己的行為，這就是我游泳能夠游的好的道理。」

厚山大師又問道：「那什麼又叫隨遇而安呢？」

這個男子繼續說道：「如果我出生在丘陵地區，那麼我肯定就要去適應山地的生活環境，這其實就叫做開始於天性；如果我長在水邊，則是要去適應水邊的生活環境，這就叫做成長能夠順著生來的習性；不要有意的去做某件事情，而能夠自然而然的這樣做了，那麼就這就叫做順其自然，隨遇而安。」

當厚山大師聽完這句話後，若有所悟的點了點頭，帶領著弟子們走了。

**☆心靈窗☆**

不管做什麼事情，都要善於尋找事物自身的規律。成功的人之所以能夠成功，就在於他能夠找到生活中的規律，並且掌握規律，因此做什麼事情都能夠得心應手。我們只要把握事物的規律，而不是一味的考慮得失，那麼就能夠將事情做得自然和諧。

## 貪婪的人更容易被打擊

**☆智慧語☆**

利欲熾燃即是火坑，貪愛沉溺便為苦海。——釋迦牟尼

☆ **藏經閣** ☆

有一次，世尊釋迦牟尼在法會上給很多比丘僧講了一個很久以前發生的故事。

在往昔無量阿僧祇劫（意指時間久遠到不可說）以前，有兩個商人各有一個商隊，每個商隊有五百個商人。當時他們在波羅奈地區籌集了很多的金錢、糧食，而且還準備了很多的帆船，他們決定要去遠行尋寶，於是就揚帆遠航，乘風破浪駛向了大海。

商船在大海中航行了很長時間，有一天，他們突然發現眼前出現了一座寶島。在這個寶島上面有很多的金錢、珠寶，當然還有很多的美女，商人們一個個看得都是目瞪口呆。

就在這個時候，第一個商隊的頭目說道：「我們花了這麼大的力氣去尋寶，辛辛苦苦的來到這裡，在這裡珍寶、美女無所不有，我們一輩子也享受不完啊，有這些東西就應該知足了，我們乾脆這輩子就住在這裡吧。」

可是，當第二個商隊的頭目看到這樣的情景卻非常理智的說道：「在無邊無際的大海當中，雖然這個寶島上面是什麼都有，但是它一定不會存在很長時間。」

當商人們聽完正在猶豫不決的時候，有一個仙女恰巧從這裡路過。她看見這些商人之後，心中頓生憐憫之心，於是對他們說道：「你們在此地雖然能夠享受到一時的快樂，但是這樣的快樂是短暫的，再過七天這一切都將不復存在，因為上漲的海水馬上就要把這座島嶼淹沒了。」

這個仙女說完之後，就飛走了。這個時候又有一個魔女經過這裡，她內心非常惡毒，想讓這些商人都被海水淹死在這裡，所以她對商人說道：「你們不要走，這個寶島怎麼會被海水淹沒呢？你們如果走了，這些漂亮的美女，還有許多珍奇的珠寶，別的地方哪還有啊。剛才那位仙女是騙你們呢？你們可千萬別相信她說的話啊！」魔女說完之後也就離開了。

當第一個商隊的頭目聽完後，立即對他的手下說道：「你們不要去相信那第一個仙女說的話，我們大家還是待在寶島上面吧，讓我們去盡情的享受吧。」

而第二個商隊的頭目聽完之後，卻對他的手下說：「你們千萬不要為了貪圖一時的快樂最後把自己的性命都丟掉了。我們還是趕緊去裝一些珠寶，不要在此地過多停留，那個魔女可能是想害死我們。」

果然就這樣過了七天，在第七天的時候，正如第一個仙女所說的那樣，大海的波浪無情的把寶島給吞噬了。第一個商隊的人由於只顧著享受美女，珍寶而把自己的性命早就忘記了，最後被大海淹死了。但是第二個商隊的人由於早就有防備，他們都待在自己的商船上，最後都安然無恙。

☆**心靈窗**☆

口渴的時候覺得能夠喝下整個大海這叫貪念，真渴的時候只喝下屬於自己的那一杯水，這叫自律。而現實生活中，如果能夠劃清貪念與自律的界線，就可以把誘惑抵擋在我們的心門之外。其實抵禦各種誘惑，就是一場靈與肉的搏鬥，是非常嚴峻的考驗。

# 第四章　學會取捨，拋握之間彰顯生活魅力

## 智者，捨棄就是得到

**☆智慧語☆**

今日的執著，會造成明日的後悔。——老禪師

**☆藏經閣☆**

有一個年輕人，頗有一些才華，對各類技藝都有涉獵，但是自己真正的學業卻是一塌糊塗，一直都沒有什麼太大的長進。

於是在萬般無奈的情況下，他決定請禪師為自己指點迷津。

當禪師聽完年輕人的敘述之後，對他說：「施主走了這麼長的山路，肯定是勞累了，我先安排人為你準備齋飯吧。」

禪師吩咐弟子在桌子上面擺滿了各種不同樣式的齋飯，其中有很多都是年輕人根本就沒有見過的。

當開始用齋的以後，年輕人揮動著自己的筷子，他想把每一道齋飯都嘗一遍，所以等用齋完畢之後，他吃的自然是非常的飽，甚至吃的有一些多了。

而等到吃完飯後，禪師問他：「施主，請問你吃出了什麼味道嗎？」年輕人聽到禪師的問話，摸了摸肚子說道：「百種滋味都有啊，我現在已經無法分辨了，只覺得自己的肚子脹得厲害。」

禪師這個時候笑了笑，又問：「那施主你現在是否感到滿足和舒服了呢？」

年輕人回答道：「我現在只感覺到非常的難受。」

禪師聽完年輕人的回答之後笑了笑，不再說話了。

等到了第二天一大早，禪師帶著年輕人一起去登山。當他們爬到半山腰的時候，年輕人發現那裡面有很多稀奇的小石頭，於是就一邊走，一邊把自己喜歡的石頭放進隨身背著的口袋裡。很快，他的袋子已經裝的非常滿了，他已經背不動了，但是這些石頭實在是太稀奇了，年輕人又捨不得丟棄。

當禪師看到他氣喘吁吁的樣子，非常生氣的說：「該放下了，施主你背這麼重的東西，怎麼能夠登上山頂呢？」

年輕人望著那些自己從來沒有攀登到的頂峰，頓時大徹大悟，於是立即拋下了背上的袋子，邁著輕盈的步伐跟著禪師繼續向山頂爬去。

☆ **心靈窗** ☆

人生在世，不要去貪戀任何事物，要懂得選擇，學會放棄。只有學會了選擇和放棄，生活才會更加的輕鬆，我們才能向著人生更高的目標前進，才能夠得到我們最想要得到的東西。俗話說：「人無完人，金無足赤。」人應該有所為有所不為，在關鍵的時候懂得放棄的智慧，才是智者必備的素質，更是開啟一個人成功的鑰匙。

## 想要改變環境，先要改變自己

☆**智慧語**☆

改變自己實為改變周遭世界最高明的方法，或者說是一條萬能的捷徑。——老禪者

☆**藏經閣**☆

有一個人在社會上面總是落魄，不得志，於是就有人向他推薦了一位得道的大師。他找到大師以後，大師先沉默了很長的時間，之後就默默的舀起了一瓢水，問道：「這水是什麼形狀的？」

這個人搖了搖頭說：「水怎麼會有形狀呢？」

大師聽完之後沒有說話，只是把水倒進了杯子中，這個人於是就明白了，說道：「我知道了，水的形狀像一個杯子。」

大師聽完之後還是沒有說什麼，接著他把水倒入了一個花瓶裡面，這個時候這個人又說道：「我知道了，水的形狀應該和花瓶是一樣的。」

大師聽後搖了搖頭，他把花瓶拿了起來，把裡面的水倒在了一個裝滿砂土的盆子裡，這個人眼見剛才非常清澈的水一下子就不見了，於是開始深思起來。

這個時候大師從盆子裡抓了一把土，十分感慨的說道：「你看看，水就這樣給消失了，這其實也是一個人的一生啊！」

這個人把大師說的話反覆想了很久，終於高興的說道：「我知道了，您是透過水來告訴我，社會其實就是一個個規則的容器，我們每一個人都應該像水一樣，盛入了什麼樣的容器，就要變成什麼樣的水。而且，我們每個人還非常有可能從某一個容器當中消失，就好像這水一樣，消失起來是如此的迅速、突然，而且好像是一切都沒有辦法改變的。」這個人說完之後，他就看著大師，因為他非常著急，想從大師口中得到認可。

「是這樣的。」大師摸了摸自己的鬍鬚，但是轉而又說道：「其實也不是這樣的。」

說完之後，大師就出門了，這個人當然是緊隨其後。到了一個屋簷底下，大師伏下了身子，用手在一塊青石板做成的台階上面摸了摸，然後就頓住了。這個人也把自己的手指伸向了剛才大師手指所摸到的地方，發現居然有一個小坑，他感到非常的不理解，不知道大師摸的這個小坑，到底蘊藏了什麼樣的玄機。

就在這時，大師說道：「一到雨天，雨水就會順著屋簷往下落，你看，這個青石板的台階上的凹處，就是水常年落下的結果。」

大師說道這裡，這個人才大徹大悟了，高興的叫道：「我終於明白了，人能夠被束縛在某一個容器的規則當中，但是有的時候就和這小小的水滴一樣，能夠改變這堅硬的青石板，直到靠自己的韌勁把這個容器破壞掉。

大師聽後非常欣慰的說道：「你明白了，小坑會變成洞的。」

☆**心靈窗**☆

我們為人處世就要像水一樣，能屈能伸，特別是對於剛剛進入社會的年輕人來說，更應該懂得既要適應環境，也要努力改變環境的道理，只有這樣才能夠實現自我。我們有必要知道一點人情世故，能夠在必要的時候彎一彎腰，低一低頭，俗話說：「木秀於林，風必摧之。」而唯有那些不僅僅是堅硬，更多的是有一些韌性的人，才能夠克服更多的困難，取得成功。

## 取捨之道乃是無價之寶

☆**智慧語**☆

世上沒有完美的人，所以每個人都需要幫助，勿以善小而不為。無求的行善，心也坦蕩；有意的行善，令人生畏。——老禪師

☆**藏經閣**☆

曾經有一位將軍名叫足利，他有一天邀請當時著名的一休禪師到家裡來用茶，足利將軍熱情的拿出家裡所有的珍稀古董，每一件都讓一休禪師鑒賞，而且還不停的請一休禪師發表看法。

當一休禪師看完之後，卻說道：「將軍，你的這些古董雖然很好，但是它們和我的三件無價之寶是沒法比啊。」

足利將軍一聽，就來了興致，急忙問道：「沒有想到一休禪師原來也是行家啊，那你的三件無價之寶是什麼呢？」

一休禪師回答道：「這寶貝其實也沒有什麼新鮮的，我擁有的也就是盤古當年開天闢地時所用的石頭、歷朝忠臣們所用的飯碗，還有的就是前代高僧使用的萬年拐杖。」

結果足利將軍聽完之後驚訝之情溢於言表，迫不及待的問道：「啊，這些真的是無價之寶啊，一休禪師您看您一個出家人，也用不著這些東西，不如把這些無價之寶賣給我吧。」

沒有想到一休禪師非常爽快的答應了，但是卻提出了一個條件：「將軍，賣給你可以，但是每一件寶貝如果沒有一千兩銀子我是不會考慮的。」足利將軍還是以為是什麼條件，沒想到是這個條件，於是非常爽快的就答應了。足利將軍為了防止夜長夢多，於是就叫侍從趕緊拿著銀子和一休禪師去取回這三件寶貝。

一休禪師回到寺廟以後，當著侍從的面，拿起了寺廟門口抵門用的那塊石頭，把正在餵狗的破碗以及自己手中的破手杖遞給了他，就讓他把這三樣東西帶給足利將軍。

侍從什麼話也沒有說，就帶著一休禪師交代的東西走了，等他見到將軍之後，告訴了這三件東西的來歷。

將軍聽完之後非常生氣，於是就跑到寺廟裡面找一休禪師理論，怒道：「你身為禪師，我一直以來都把你當成我的好朋友，可是你為什麼要這麼欺騙我，玩弄我呢？難道你就不怕我一怒之下殺了你嗎？」

沒有想到一休禪師聽完足利將軍的怒言之後，並沒有生氣和驚慌，而是微笑的說道：「我怎麼敢欺騙將軍呢，現在全國各地都在鬧饑荒，很多人都餓死了。將軍的三千兩銀子我已經拿去賑災了，你已經挽救了無數人的性命，這難道不是得到了無價之寶嗎？」

☆**心靈窗**☆

一個人不管多麼有錢，不管多麼有權利，也只有當把這些錢和權用於關心和幫助別人的時候，才發揮了它們應有的作用。所以我們要懂得取捨，懂得關心和幫助別人是一個人最偉大的美德，只有當我們在關心和幫助別人的時候，才能體會到生活中真正的幸福，讓我們的心靈得到一場前所未有的洗禮。

## 捨棄自卑，自信讓人生更有色彩

☆**智慧語**☆

有名無名皆悲喜，有名累，無名輕。無名時常欲人重，卻不知重後累也。有名且當無名，無名自信有名，名方非名。——老和尚

☆**藏經閣**☆

有一個學僧名叫道岫，他一心向佛，但是道岫已經苦心修行了十多年，始終都沒有悟出禪理來。道岫眼看著自己的師弟們都一個個悟道出師了，而自己這麼多年卻始終沒有多大的進步，可以說還

是大俗人一個，他不由得心急如焚。

道岫心想：自己現在也不懂得幽默，而且頭腦也不靈活，所以才入不了門。自己這麼樣苦苦的修練下去估計也不會有什麼好的結果，還不如自己做個苦行僧算了。

於是，道岫就打點了二斤半的衣單，準備要遠行。在臨走之前，他便到法堂去向廣圄禪師告別。道岫稟告道：「師父，學徒辜負了您的細心教誨，自從皈依在您座下，修禪已經有了十年之久，但是卻始終都悟不出一點東西來。我想，我實在不是一塊學禪的料，所以，我想四處雲遊，特意來向您老人家告別。」

廣圄禪師聽完之後感到非常的吃驚，於是問道：「哦，你為什麼沒有覺悟就要離開呢？難道在這裡悟不出來，到別的地方就可以悟出來了嗎？」

道岫非常誠懇的再一次稟告說：「師父，我在這裡每天除了吃飯、睡覺之外，將自己的全部時間都花費在了參禪悟道上面，但是我已經這麼用功了，卻還不可以開悟，我想可能是我自己和禪沒有緣分吧。我看著師弟們一個個都出師了，心裡非常的著急，也很難受。師父，您還是讓我去做一個苦行僧吧，這樣我的心裡會好受一些。」

廣圄禪師聽道岫說完之後，開示道：「悟，是一種內在本性的流露，根本是無法用來形容的，當然也無法傳達給別人，更是學不來的，所以著急也是不可能得到的。別人是別人的境界，你修你的禪道，這是兩回事情，你為什麼要混在一起呢？」

道岫聽完之後非常的沮喪，辯解道：「師父，您是不知道，我跟師弟們一比，就好像是麻雀見了大鵬鳥，心裡慚愧極了。」

廣圄禪師當然知道道岫說的是什麼意思，但是他卻故意裝作不解的樣子問道：「大鵬鳥怎麼大了？小麻雀又怎麼小了？」

道岫回答說：「大鵬鳥一展翅，就能飛越好幾百里，而我只能在草的幾丈的範圍內活動，無論我怎樣的努力，最後也只能飛出幾丈去。」

廣圄禪師聽完了道岫的話，意味深長的說道：「大鵬鳥一展翅就能飛出幾百里，但是它能飛越生與死的界限嗎？它能不能和小麻雀一樣輕而易舉的站在枝頭呢？」

道岫聽完廣圄禪師的話後，沉默了起來。他最後收起自己的行李，再也不提做苦行僧的事情了。

☆**心靈窗**☆

每個人都有煩惱的時候，而且煩惱的來源很多，但是其中很多都是因為自己和別人比較而滋生的。但是實際上這種比較除了只能給我們增添無謂的痛苦和煩惱以外，沒有其他的一點實際用途。如果我們想獲得理想的生活，倒不如腳踏實地，按照自己的人生路線堅定的走下去。

## 追求美，但不是完美

☆**智慧語**☆

太想贏的人，最後往往很難贏。太想成功的人，往往很難成功，太想到達目標的人，往往不容

易達到目標，過於注意就是盲，欲速則往往不達，凡事不可急於求成。——老禪師

**☆藏經閣☆**

佛陀不僅被很多僧眾所尊敬，而且也得到很多周圍群眾的敬仰，特別是當地的一些人都是非常恭敬的來供奉他。

有這麼一位年輕人，他非常的敬佩佛陀，他把佛陀看成是貴為王子，因為佛陀能夠捨棄自己的富貴而選擇出家，所以最終他得到了天底下人們的敬仰和尊重。為此，這位年輕人非常的羨慕，總是盼著自己也能夠有這麼一天。於是，這位年輕人就向自己的家人提出了出家的事情，父母當然是捨不得了，但是最後還是把他送到了佛陀的面前，希望佛陀能夠幫自己的孩子完成他的心願。

佛陀於是就收下了這位年輕人，然後請長老比丘代為教導，長老比丘對這位年輕人說：「你一定要守戒——五戒、十戒，有的時候可能要守到二百五十戒。」當這個年輕人聽了之後發現居然要守這麼多的戒，心裡就開始發慌了，因為他想：這麼多的戒律，自己是一定守不住的，既然這樣的話，我還不如早日還俗，還俗之後在家裡作為一名居士也不錯。

當長老比丘知道了他的這個想法以後，也和他一樣開始內心不安了。因為這位年輕人是佛陀親自交給他教導的，如果他還了俗，怕自己沒有辦法和佛陀交代。於是這位長老比丘就向年輕人說道：「你要想還俗也可以，但是你必須向佛陀表明你的心意。」

後來佛陀知道了這件事情，於是就詢問了年輕人想要還俗的原因，當他知道年輕人是因為嫌戒律太多，怕自己無法嚴格遵守的時候，佛陀對年輕人說道：「其實修行沒有你想的這麼複雜，現在

我只要求你能夠守住三項戒律。」

年輕人一聽完，當時就高興了，說道：「就只有三項戒律嗎？那這個應該是比較容易的，如果這樣的話，我願意繼續留在這裡。」

佛陀說：「你只要守好自己的身、口、意就可以了。如果你這三業可以清淨的話，那麼一切戒律你都可以遵守的非常好。」年輕人聽完之後非常的歡喜，他馬上就叩頭拜在了佛陀門下，而且還願意終身奉行此戒律。

☆**心靈窗**☆

生活中的各種煩惱何止千萬，而且它們總是在不經意之間就出現在你的面前，讓你煩惱，讓你愁。但是生活其實很簡單，什麼是簡單？簡單就是一種美，簡單就是一種妙法。如果我們能夠抱著單純、簡單的本性生活，那麼日常生活中就沒有什麼做不到的，當然也就沒有什麼不歡喜、不自在的了。

## 贈人玫瑰，手有餘香

☆**智慧語**☆

默默的關懷與祝福別人，那是一種無形的布施。——老和尚

擁有一顆無私的愛心，便擁有了一切。——釋迦牟尼

☆**藏經閣**☆

在隋朝的時候，有一位佛教的信徒叫李士謙，他的心地很善良。李士謙從小就失去了父親，他在自己母親去世以後守孝了三年，等到喪服時間滿了，李士謙就把自己家中的私宅都捐給了寺院，而且還立志，以後再也不做官了。

由於李士謙繼承了祖上很多的遺產，所以他的家庭環境還是很不錯的。但是李士謙的個人生活，有的時候甚至比窮人還要節儉，穿的都是破舊衣服，吃的也是一些粗茶淡飯，他每天想的就是如何去救濟那些沒有衣服穿，沒有食物吃的窮人。李士謙也從來不吃肉，更不會去喝酒，從來也沒有殺過生。

在鄰里如果誰去世了，但是又因為家裡沒有錢無法殮葬的，李士謙都會送給這家一口棺材。有的時候兩個兄弟為了一點錢而爭吵起來，他就會自己出錢補助那不足的一部分，從而讓這兩個爭吵的兄弟感到羞愧，互相推讓，直到最後兩個人之間的矛盾完全化解。

有一天，李士謙到自己田地裡去收稻穀，可是他在很遠的地方就看見有人在他的田地裡面偷稻穀。李士謙不但沒有大聲喊著去捉賊，而且不聲不響的就走開了。當時的很多人都覺得非常奇怪，於是李士謙解釋說：「俗話說，『人要臉，樹要皮。』誰能不要自己的臉面呢？誰又願意自己去當賊呢？還不是因為這幾年的天災人禍，人們被逼的沒有辦法了，所以我們應該寬恕他。」到了後來，這個偷稻穀的賊知道了李士謙居然對自己這麼仁慈，也被感動了，從此以後就洗心革面，再也不做賊了，結果後來成為了一位大善人。

又有一年發生了大規模的饑荒，很多人都沒有辦法生活了，於是李士謙就拿出了自己家中儲存的上千石的糧食給這些災民食用。到了第二年，由於大家農田的收成不好，借李士謙的糧食還是沒有還，於是他們都覺得非常的內疚，就集體到李士謙家中向他道歉。但是李士謙沒有要求他們要還自己穀子，還在家中盛情款待他們，並且當著他們的面把鄉人們很多借穀子的契約都燒毀了，對他們說：「我家中的存穀本來就是預備著救人之急用的，我並沒有想到囤積圖利。現在你們的債務已經結清了，所以大家一定不要再把這件事情掛在心上了。」

結果過了年，天公又不作美了，結果又遇到了大饑荒，李士謙又是盡自己的能力來幫助大家，當時李士謙開辦了大規模粥鋪，使很多在饑荒中饑寒交迫的人活了下來。

就這樣，每次遇到災荒，李士謙都會傾盡自己的全力來幫助大家。

常常有人對李士謙說：「李先生，你這麼樂善好施不知道救活了多少人，您的陰德真的是太大了，將來一定會得到好報的。」李士謙回答說：「陰德的意義就好像是耳鳴一樣，只能自己知道，別人是聽不到的，現在我做的事情，已經讓你知道了，哪裡還有什麼陰德啊！」

正是因為李士謙保持了一顆善良的心，所以他才能夠受到別人的尊重，到了後來，李士謙的後代都非常的富有，人們都說這是李士謙的功勞。

☆**心靈窗**☆

人生在世，最重要的就是有一顆善良的心。有著善良心的人，對自己是自安自足，對他人是一個很好的陪伴。生活中只有播種善良，我們才能收穫希望。一顆善良的心就像太陽，凡事多一些謙讓，多一些寬容，多一些理解，人世間將充滿陽光，我們的生活將更加的美好和幸福。

## 裝裝「糊塗」，無可厚非

**☆智慧語☆**

來時糊塗去時迷，空在人間走這回，未曾生我誰是我，生我之時我是誰。長大成人方是我，闔眼朦朧又是誰。不如不來也不去，來時歡喜去時悲。悲歡離合多勞慮，何日清閒誰得知。若能了達僧家事，從此回頭不算遲。世間難比出家人，無牽無掛得安宜。——順治皇帝出家詩

**☆藏經閣☆**

釋迦牟尼一生都在說法，在他臨渡的時候，文殊菩薩就請他再為大家說一次法。

釋迦牟尼說：「我在世四十九年，又何嘗說過一句法呢？現在你讓我去為大家說法，難道我曾經講授過什麼嗎？」

禪，其實就是發生於沒有文字的拈花的微笑。

相傳，從前世尊在靈山會上拈花示眾，當時大家都不知道是什麼意思，你看看他，他看看你，但是唯有迦葉尊者發出了會心的微笑。於是，釋迦牟尼便將這種「不立文字，教外別傳，直指人心，見性成佛」的道傳給了他。

這個時候有僧人問靈山：「佛祖拈花到底是什麼意思呢？」

靈山回答說：「一言方出，駟馬難追啊。」

這個僧人又問：「那當時迦葉他微笑是什麼意思呢？」

靈山聽完之後也笑著說：「因為口是禍門啊。」

正是由於口是禍門，所以一說話說不清楚，便很容易造成誤會，而說出的話又收不回來，所以一般禪宗傳法，都是講究用無言的方式。

還有一次，眾人請惟儼上堂說法，惟儼剛開始不同意，到了最後實在沒辦法了，惟儼就勉強答應了，可是當大家剛剛聚集在一起，準備聽惟儼講法的時候，惟儼卻一言不發的回到了自己禪房。

當時院主緊緊的追在後面說道：「惟儼，你不是說給大家講法的嗎，怎麼現在又要著急回房呢？」

惟儼聽後說道：「講經有講經的法師，說戒有說戒的律師，而我是一名禪師，而禪是不能夠講的，講了也沒有用，這又怎麼能夠怪我呢？」

當大家聽完之後，立即頓悟了。

☆ **心靈窗** ☆

在我們的現實生活中，語言是人們進行交流的一種工具，所以當然不能夠沉默不語了。但是，我們在有的時候應該學會慎言，如果在一些不可說的情況下，最好能夠裝一裝糊塗，採取少說，甚至是不說的態度，這往往是比較明智的。

# 多一物多一心，少一物少一事

## ☆智慧語☆

菩提本無樹，明鏡亦非台，本來無一物，何處惹塵埃。——六祖惠能

## ☆藏經閣☆

佛祖曾經講過這樣一個故事：從前一個人有四個最好的朋友。第一個朋友叫隨到，因為他總是像影子一樣陪在他的身邊；第二個朋友是他感到最自豪的，總是讓很多人羨慕他能有一個這麼好的朋友；第三個朋友是最關心他的，當他遇到困難的時候肯定會在第一時間趕到；第四個朋友看起來是最忙的，但是他也不知道他這位朋友一天在忙什麼。

有一天，這個人他要出遠門了，因為路程遙遠，旅途艱難，所以他需要找一個人陪伴，於是他問哪一位朋友願意陪伴自己。

第一個朋友說：「我不能陪你，還是你自己去吧。」

第二個朋友說：「你從來都沒有在乎過我，總是忽視我，所以我也不會陪你去的。」

第三個朋友說：「我這個人是無法忍受那些風餐露宿之苦的，所以我最多只能把你送到城門口。」

第四個朋友說：「無論你走到哪裡我都會跟著你的，因為你是我的主人。」

這個時候，這個人聽了四位朋友說過的話，頗有感慨的說：「在關鍵的時候，還是第四個朋友

好。」於是，他就帶著第四個朋友開始了他那艱辛的旅程。

佛祖最後解釋說：「其實在我們每個人的身邊都會有這樣四個最好的朋友。」第一個朋友就是我們的肉體。當人死後，我們的肉體肯定要與自己分開的；第二個朋友就是我們財富，許多人為了金錢可以說是辛苦了一輩子，但是當人死的時候卻是一分錢也帶不走的，這些金錢最後無非就是水中月，鏡中花；第三個朋友就是指自己在生活中遇到的真正的朋友，當你在活著的時候，你們會互相幫忙，但是當你死去以後，你們還是要分開的；而第四個朋友就是指一個人的天性，也許你對它可能都不屑一顧，但是它卻是永遠在乎你的，不管你是貧還是富，你的天性是永遠都不會背叛你的。

☆**心靈窗**☆

人生在世，多一物多一心，少一物少一念，不要為了身外之物所拘，心安理得處，就可明心見性。如果有一個地方能夠讓我們安心，能夠讓我們遠離浮躁，那麼我們又何必去追求那些身外的事物。唯有放下才可以給生命一份從容，更能給心靈一份坦然與寧靜。

## 這條路不適合自己，就走另一條

☆**智慧語**☆

堅持原則使人成功；執著而不懂得變通，卻是失敗的根源。——慧律法師

☆**藏經閣**☆

臨濟禪師意識到自己馬上就要圓寂了，於是就把弟子召集到一起，訓示說：「等我死後，你們一定要記住，不要讓『正法眼藏』隨我一起消失。」

大弟子惠然禪師立即信誓旦旦的說道：「我們身為大師的弟子，怎麼能夠讓老師的『正法眼藏』消失呢？」

聽了大弟子惠然的話，臨濟禪師點了點頭，問道：「如果以後有人問起我的禪法，你們該怎麼回答呢？」

惠然禪師立即學著臨濟禪師教導別人的方法，大喝一聲：「喝！」

當臨濟禪師看見惠然這樣非常的失望，搖了搖頭說道：「我沒有想到，自己的『正法眼藏』會在你們的大喝聲中滅卻，我真的好傷心。」說完之後，臨濟禪師就坐在法座上面不再說話了。

當惠然看到師父憤然離世，內心悲傷不已。他跪在臨濟禪師的遺體前，哭訴道：「師父平日對來訪者都是大喝一聲，為什麼我學著師父大喝一聲，竟然讓師父傷心絕望的離去呢？」

這個時候，臨濟禪師突然開口說道：「我吃了飯，你們不會覺得飽，我死的時候，你們誰也不能代替。」

弟子們急忙跪在地上叩拜，惠然更是聲淚俱下，哽咽的說：「師父，請您原諒弟子沒有完全領會您的教誨，請你不要離開我們，再多多指導我們一些吧。」

只見，臨濟禪師大喝一聲，憤然的說道：「我才不給你們模仿呢？」說完，臨濟禪師就閉上了眼睛圓寂了。

☆**心靈窗**☆

修禪悟道要這樣，工作和生活也要這樣，我們要懂得變通，不能事事照抄，總想著用一個辦法解決所有的問題。要懂得隨機應變，學會具體問題具體分析，不要刻意去模仿別人。要用適合自己的方式來解決自己的問題，如果總是鸚鵡學舌，那麼終究不會有什麼成就。

## 留住青山在，不爭一時贏

☆**智慧語**☆

真正知道自己想要什麼的人，一半在於知道，得到它之前必須先放棄某些東西。——慧律法師

☆**藏經閣**☆

有一天，龍虎寺禪院中的學僧正在圍牆上面臨摹一幅龍爭虎鬥的圖畫。在圖畫中，龍在雲端盤旋而下，虎踞山頭，鼓足勁道，擺著要猛撲的姿勢，可是學僧多次嘗試以後，始終無法將老虎猛撲的姿勢畫好。

就在這個時候，無德禪師從外面回來了，於是學僧急忙將無德禪師拉了過來，請他指點自己。

當無德禪師仔細觀察了很長時間以後，才緩緩的說道：「儘管你們把龍和虎的外形畫的是維妙維肖，但是你們沒有把龍與虎在進攻時候的特性表現出來。一般龍在進攻之前頭會向後縮；當虎猛

撲的時候，會將頭壓得非常的低。如果龍的頸向後的彎曲程度越大，那麼虎頭也就會越貼近地面，它們之間的鬥爭氣勢也就表現的更加明顯了。」

學僧們聽完無德禪師的話以後，開始低頭謹慎思考著。

無德禪師接著說道：「其實為人處事，參禪修道也是同樣的道理，如果退一步的話，就可以多做一些的準備，反而會衝擊的更遠；我們只有時刻保持一種謙虛的心態，才能夠走得更遠，爬得更高。」

當學僧們聽完了無德禪師的教誨以後，更是感到疑惑不解，問道：「大師，退步的人怎麼可能再向前呢？謙虛的人怎麼可能走得更遠、爬得更高呢？」

無德禪師聽完之後說道：「這樣吧，我給你們留一首詩，其實奧祕就在其中。」說完，無德禪師緩緩吟道：「手把青秧插滿田，低頭便見水中天。心地清淨方為道，退步原來是向前。」

當學僧們聽完這首詩後，開始反覆參悟和研究，最終漸漸明白了其中的道理。

☆**心靈窗**☆

為人處事當進則進，當退則退。有的時候，暫時的後退是為了更好的前進，是為了做更充分的準備。有時，退讓並不意味著落後，而是為了在自省之後更好的向前。有時我們需要頂天立地，孤傲不群，如同龍抬頭虎相撲；但有時我們也需要非常自謙，有如龍退縮，虎低頭，這正說明了當進則進，當退則退，當高則高，當低則低。

# 第五章　庸人自擾，該放則放人生就怕計較

## 世上本無事，庸人自擾之

### ☆智慧語☆

如果你不給自己煩惱，別人也永遠不可能給你煩惱。因為你自己的內心，你放不下。煩惱與痛苦的解釋是一樣的，它是客觀的東西，不在於你是否放下。你放下了煩惱來了你照樣有煩惱，解決的辦法是根除煩惱的根源而不是假裝它不存在，「放下」了。——慧緣禪師

### ☆藏經閣☆

有一個心中滿是煩惱的少年，他正在到處尋找解脫煩惱的辦法。

這一天他來到了一個山腳下，只見在一片綠草叢中有一位牧童騎在牛背上面，吹著悠揚的牧笛，很是逍遙自在。

這個時候煩惱的少年就走上去詢問：「你能告訴我如何才能讓自己從煩惱中解脫出來嗎？」

「解脫煩惱嗎？那你學我吧，騎到牛背上來，把笛子一吹，這樣一來什麼煩惱都沒有了。」牧童笑著說道。

於是煩惱的少年試了試，但是還是不行。

煩惱的少年又開始繼續尋找，他走呀走呀，不久來到了一條小河邊上，只見河岸邊的柳樹成蔭，有一位老翁正坐在柳蔭下，手中拿著一根竹竿在釣魚，看起來老翁神情悠然自得，自得其樂。

於是煩惱的少年就走上去問道：「請問老翁，您能告訴我如何才能告別煩惱嗎？」

只見老翁抬頭看了一眼面前神情猶豫的少年，慢聲慢氣的說道：「來吧，可愛的孩子，你跟我一起釣魚吧，我保證讓你感到快樂。」

可是煩惱的少年試完之後，發現還是不行，於是他又開始尋找了。

他這次走呀走，發現在路邊的一個石板上面有一個獨自下棋的老翁。於是煩惱的少年就走上前去詢問老翁解脫煩惱的方法。

「噢，可憐的孩子，我覺得你還是應該繼續前行，在前面有一座寺廟，寺廟裡面住著一位高僧，他一定會告訴你解脫煩惱的方法。」老人一邊說著，還一邊下著棋。

於是，煩惱的少年在謝過老翁之後，就開始繼續前行，等他到了前面的寺廟裡，果然發現有一位高僧坐在寺廟的當中。

煩惱的少年走上前去，深深的鞠了一躬，向高僧說明了自己的來意。

這個時候高僧微笑著捻了捻自己手上的佛珠，問道：「這麼一說，你是來尋找解脫煩惱的方法的了？」

煩惱少年急忙說道：「是的，還請大師您能夠為我指點迷津。」

於是高僧笑著說道：「那麼先請你回答我幾個問題。」

「大師您請問。」

「有誰把你捆住了嗎？」高僧問道。

「沒有啊。」煩惱的少年剛開始是一驚，最後想了半天回答道。

「既然沒有人把你捆住，那麼你又說什麼解脫呢？」高僧說完這句話後，就閉上了眼睛，不再說話了。

煩惱的少年聽完之後先是一愣，繼而有頓悟了：「哦，對啊，我又沒有被任何人捆綁，我又為什麼要尋找解脫呢？原來這都是我自己在自尋煩惱，我是自己把自己捆住了啊。」

☆**心靈窗**☆

「天下本無事，庸人自擾之」。煩惱都是我們自己給自己找來的，而自尋煩惱的人，往往認為很多事情都在困擾著他們。其實我們細細想想，困擾自己只是我們煩惱的念頭而已，根本就沒有什麼實質的意義。只有去尋找心中的快樂，把煩惱驅除掉，才是真正的快樂。

## 不和別人比較，自然無煩惱

☆**智慧語**☆

修行要天天保持像個秤似的，平衡下來，怎麼叫平衡下來呢？平衡就時時都平平靜靜的，自性一點波浪也沒有，這就是煩惱即菩提，生死即涅槃。——宣化上人

**☆藏經閣☆**

每天早晨天還沒有亮，悅淨大師都會下山去城鎮中為寺廟裡面的蘋果園雇用工人。

有一天早晨，一個小夥子爭著跑到悅淨大師面前，說要當蘋果園的工人。悅淨大師與小夥子商量好了，工作一天十塊錢，於是就讓小夥子去幹活了。

到了早晨七點多，悅淨大師又出去雇了一個中年的男人，並且對這個男子說：「你也到我的蘋果園裡面去工作吧，一天我給你十塊錢。」中年男人點頭同意之後就去工作了。

到了上午九點和十一點的時候，悅淨大師又雇了一位年輕的婦女和一個中年的婦女。下午三點鐘的時候，悅淨大師又出去了，他這個時候發現有一個老頭子站在街頭，於是就對老頭子說道：「你為什麼整天都站在這裡啊？」

老頭子對悅淨大師說道：「因為我年紀大了，已經沒有人雇用我了。」

悅淨大師說道：「好吧，你也去我的蘋果園工作吧，天黑完工之前我給你十塊錢。」

老頭子聽完悅淨大師的話之後非常高興的去了。

等到了晚上，悅淨大師對他的弟子說道：「你把所有雇用的工人都叫過來，我要分給他們工資，由最後的開始，再到第一個。」

就這樣，老頭子領到了十塊錢。

最先被雇用的小夥子看見老頭子下午三點多才來，居然就領了十塊錢，那自己一定要比這多得多。可是令他沒有想到的是，悅淨大師也給了他十塊錢。

這個時候小夥子非常不高興，立即對悅淨大師抱怨說：「大師，最後雇用的老頭工作了還不到兩個小時你就給了他十塊錢，可是我已經幹活了整整一天了，你怎麼能支付我和他一樣多工錢呢？」

悅淨大師很平靜的說道：「小夥子，我並沒有對你不公平啊，事先我們兩個人不是說好了你幹一天活我給你十塊錢嗎？你把你的錢拿走吧，我願意給這位老人和你一樣的錢。難道你還要管我自己如何花自己的錢嗎？或者是因為我對別人好一點，你就感到非常不舒服嗎？」

小夥子聽完悅淨大師的話之後，感到慚愧和自己的無禮。

☆**心靈窗**☆

我們有的時候之所以會煩惱，不是因為自己缺少了什麼，而是因為我們總想著在某些地方要比別人好，正是這種比較心理給我們帶來了無盡的煩惱。在很多時候，我們總是感到不滿足和失落，僅僅是因為覺得別人比自己幸運。如果我們能夠安心享受自己的生活，能夠不與別人比較，那麼我們的生活中自然也就會少去很多煩惱。

## 忘記負擔，輕鬆自在

☆**智慧語**☆

我們人都是捨本逐末，把修行放在第二位，把賺錢放在第一位，把根本的道理忘了，在末梢上用功夫，你賺錢，只能維持你的生活，學習佛法是養你的法身慧命，增長你的智慧。你應選擇一部

喜歡的經，這叫對機，對機，你就研究下去，不要天天只掛著去賺錢！——宣化上人

### ☆**藏經閣**☆

鏡虛禪師曾經帶著他的弟子到處去雲遊，可是他有一位弟子叫滿空，他非常不習慣和自己的師父在外面雲遊，因為他感到非常勞累。

有一天在路上，滿空因為不滿開始小聲的嘀嘀咕咕，他嫌自己背的包裹太重了，想找個地方歇歇腳。可是鏡虛禪師卻總是對他說：「我們再走一會兒，再走一會兒再休息。」但是走了半天鏡虛禪師不僅沒有休息的意思，反而走的更快了，而滿空背著沉重的包裹，跑得氣喘吁吁的跟在鏡虛禪師的後面。

就這樣，師徒兩個人走了好長的一段山路，終於進入了一個村莊，滿空這個時候說道：「師父，我們現在可以休息一會兒了吧，再走的話我真的要累死了。」

可是正在這個時候，有一位妙齡少女迎面走來，而鏡虛禪師卻趕緊跑過去，緊緊抓住那位妙齡少女的雙手不放。這位妙齡少女嚇壞了，尖叫起來：「救命啊，救命啊，和尚非禮了。」妙齡少女的呼救聲被周圍的鄰居們聽見了，大家拿著棍棒都追了過來，鏡虛禪師一看到這種情況，趕緊鬆開妙齡少女的雙手，撒腿就跑。而滿空也反應過來了，背著沉重的包裹緊緊的跟在鏡虛禪師後面，就這樣，兩個人像逃命一樣飛奔起來。

他們兩個人一路狂奔不敢停下來。沒一會兒工夫就跑過了一座小山頭，當他們回頭看看已經沒有人追過來了，於是就一屁股坐了下來，大口喘著氣。

滿空累得是滿頭大汗，坐下來一邊擦著汗水一邊生氣的埋怨鏡虛禪師道：「師父，我沒有想到您竟然會做出這種事情。我跟著您學習還能夠有什麼參禪悟道啊，我想還是自己回家算了。」

誰知道鏡虛禪師聽完滿空的抱怨之後不僅不生氣，反而嘿嘿的笑著說：「現在，你還感覺自己身上的包裹重嗎？」

滿空這個時候看了師父一眼，終於明白了師父的用意。

☆**心靈窗**☆

如果我們一直想著自己沉重的負擔，那麼我們就會被這些負擔壓的不堪重負。但是，如果我們能夠把自己的注意力稍微轉移一下，放在別的事情上面，不再時時關注自己的負擔，那麼就會因為你忽視了它的存在，而讓自己變得輕鬆起來。

## 心胸開闊，天地更寬

☆**智慧語**☆

心中常存知足、善解、感恩、包容，方能消業除魔，方可獲得幸福，方可修身成佛。——慧緣禪師

生氣，就是拿別人的過錯來懲罰自己。——慧緣禪師

**☆藏經閣☆**

有一天，有一位男士找到秀峰禪師，想請他為自己開導。當他見到秀峰禪師以後就開始埋怨自己的工作太辛苦了，主管給自己壓力，下屬總是不配合自己的工作，這位男子想想，還不如直接出家好了，以後就再也不用面對這些工作上的煩惱了。

秀峰禪師聽完之後，對男子說道：「我們的生活不就是修行嗎？現在你對生活厭倦了就想著出家，如果你對出家也感到厭倦了，怎麼辦呢？」

當這位男子聽完之後無言以對。

生活是非常平淡的，平淡如水，如果在我們的心中都無法體會到生活所帶來的樂趣，而只是看到生命的種種煩惱，那麼無論是在工作中，還是生活中，都會感到非常厭倦的。

秀峰禪師這個時候開導他說：「你首先應該明白自己在公司裡的職責，如果你連自己的生活都應付不了，那麼你去了寺院以後又怎麼能夠應付得了呢？」因為寺院的生活總是非常清苦的。

其實，你應該要讓自己明白為什麼公司要雇用你，為什麼你能夠得到自己老闆的賞識。你的職責就是為公司解決一些難題，所以你應該做好自己的分內工作。

在有的時候，你可以嘗試著去瞭解你的主管心中有什麼樣的煩惱。如果你能瞭解，那麼你就懂得應該如何幫助主管排憂解難了。你覺得把自己的工作交給下屬，下屬不配合你的工作，其實這就和點菜差不多，你有什麼要求，可以清晰明白的告訴他們。當對方明白之後，他們才有可能按照你的意思去做。所以你一定要讓你的下屬知道應該怎麼去做，還有就是為什麼這麼去做，你要給他們明確的方向，他們才能夠知道自己該怎麼去做。

我們的生活和修行一樣，做好分內工作，完成我們的職責也是一樣，如果我們做什麼事情都是馬馬虎虎的，那麼我們下次怎麼可能還得到主管的信任，所以不要總是埋怨上司或者下屬，我們把自己的分內工作做好了，這才是人世修行的最高境界。」

當這位男子聽完了秀峰禪師的這番話之後，臉上重新呈現出了喜悅的表情，萬分感謝的離去了。

☆**心靈窗**☆

我們不要總是抱怨別人，更不要抱怨我們的生活。能夠努力的做好自己的工作，這就是我們生活修行的最高境界。有的時候，過多的抱怨只是我們對於生活不滿情緒的一種發洩，當然也只會得到一時的痛快，是無法解決我們內心的煩躁和壓力的。只有順應生活，做好自己的事情，能夠對自己負責，才會讓我們內心平靜，從容生活。

## 埋葬過去，活在當下

☆**智慧語**☆

坐亦禪，行亦禪，一花一世界，一葉一如來，春來花自青，秋至葉飄零，無窮般若心自在，語默動靜體自然。——佛語

☆**藏經閣**☆

有一個非常渴望能夠早日得道的和尚，發誓要到深山中苦行，因為他希望能夠得到山川的空靈之氣，來洗淨自己的心境。

有一天，這個和尚在山林中行走，他一邊走一邊在思考一個經書上解不開的難題。可是突然，他聞到了一股刺鼻的腥味，猛然抬頭一看，原來就在前面的路上，赫然有一隻兇猛的老虎正要朝他撲過來。

和尚被嚇得大吃一驚，連忙轉身撒腿就跑。在這樣危機的情況下，和尚跑得似乎特別的快，而那只猛虎也在後面遠遠的追著。和尚跑得越來越快，眼看就要擺脫老虎了，可是令和尚沒有想到的是，他只顧拼命的逃命了，而絲毫沒有看清楚周圍的環境，最後跑著跑著竟然來到了一個懸崖邊上。但是和尚還是沒有放棄最後一線生的希望，他快步衝向了懸崖邊，往下看去，心中想著，如果懸崖下面是深淵，自己跳下去的話，也許還能夠留下一條命。

當和尚往下望去，發現懸崖下面果然有一道很深的深澗，但是從懸崖上面望去，水面有幾個好像枯木樁一樣的東西，和尚仔細看了看，發現這些「枯木」竟然是幾條鱷魚。

於是，正當他想著該如何處理眼前這種危機情況的時候，那隻猛虎已經追上來了。它已經張開了大口，朝著和尚撲過來了，和尚沒有選擇的餘地只能縱身跳下了深澗中，但是他的手卻緊緊的抓住了懸崖邊上垂下來的一條樹藤，於是就這樣把自己淩空懸在了懸崖的峭壁上。

和尚這個時候非常希望能夠憑藉自己的臂力支撐一段時間，等那老虎失去耐心之後，自己可能還會有一絲生還的希望。

但是在這個時候，懸崖邊上不知道從什麼地方又鑽出來了兩隻老鼠，而這兩隻老鼠竟然不約而同的啃食起和尚手中抓著的樹藤，眼看老鼠再這麼啃下去樹藤就要斷了，而和尚也將落入鱷魚的口中。

就在這個時候，和尚看著那兩隻老鼠，心中突然就頓悟了：這兩隻老鼠不就象徵著黑天和白天嗎，正在不斷的啃食著人們生命的剩餘時光，而老虎、鱷魚則都是自己不願意去坦然面對的恐懼。在自己生命的最後時刻，和尚終於領悟到了生命中最為重要的東西就是要讓自己活下來。

也就是在這一瞬間，老虎、鱷魚、老鼠全都不見了，而和尚也好端端的站在山林之中，臉上露出了微笑。

**☆心靈窗☆**

我們現在明白一些事情的重要性可能還不晚，因為我們還擁有生命。我們要明白時光飛逝，如果我們不能及時把握的話，就會失去很多的機會，所以，我們應該活在當下，把握當下。

## 羨慕別人，自尋煩惱

**☆智慧語☆**

真正的快樂是無求的，到無求處便無憂。你無所求，這才是真正的快樂，真正自性的穩定、平安。

——宣化上人

☆**藏經閣**☆

在很久以前，有一位菩薩化身成為了一位國王，他不僅品格高尚，而且非常信奉佛教。

有一天，這位國王閒來無事，他於是決定微服出宮。他來到了街道上一位靠補鞋為生的老人身邊，問道：「你說說，一國之中誰是最快樂的人呢？」

補鞋老頭回答說：「當然是國王了，他肯定是最快樂的人了。」

國王接著問道：「為什麼呢？」

補鞋老頭說：「你想想啊，作為國王有百官差遣，老百姓供奉，想要什麼就有什麼，這難道不是很快樂的事情嗎？」

國王說道：「希望像你說的這樣。」

於是國王決定請這位補鞋老頭喝酒。當國王和老頭喝得酩酊大醉之時，國王把老頭帶進了王宮中。國王對妃子說道：「這個老頭說我作為國王是最快樂的。我現在決定也要讓他感受一下，你給他穿上國王的衣服，讓他理理國政，你們大家都不要把這件事情說出去。」

王妃點頭遵命。

等到這個補鞋老頭醒來之後，侍女們便假裝說道：「國王，您喝醉了，您終於醒來了，現在已經堆積下了很多的事情要等您去處理。」於是這個老頭就被大家簇擁著上朝了，可是他什麼都不知道。就在這個時候，大臣們開始與他商量起國家的大事來，結果這麼一商量就是一天，弄得老頭是腰酸背痛，疲憊不堪。結果幾天下來，老頭子吃不好睡不好，慢慢身體也瘦了。

## 羨慕別人，自尋煩惱

結果侍女們又假裝說道：「國王您這樣憔悴，是因為什麼原因啊？」

老頭子對侍女說道：「我曾經做夢夢見自己是一個補鞋的老頭，每天都在為了生計而奔波，結果就瘦成了這樣。」

當侍女們聽完老頭子的話之後都在暗自竊笑。等到了晚上，這位老頭子又睡不著覺了，翻來翻去的，自言自語道：「我到底是補鞋子的呢，還是國王呢？如果我真的是國王的話，那麼我的皮膚怎麼這麼粗糙呢？如果我是補鞋子的人，那麼我現在怎麼會在王宮裡面呢？」他越想越迷糊，竟然真得分不清自己是誰了。

這個時候王妃來到了老頭身邊，假裝關心問道：「國王，您不高興了，我叫歌妓來給您取樂吧。」於是老頭子就忘記了煩惱，開始喝酒，欣賞歌妓的表演，結果他又喝醉了。

而這一次國王又叫人們又給老頭子穿上了他當初的舊衣服，把他送回到了自己簡陋的家中。等到老頭子醒來，發現周圍是自己原來破舊的房子，身上穿著很舊的衣服，好像又回到了從前的自己，但是他更搞不清楚是怎麼回事了。

就這樣過了幾天，國王又來到他這裡。老頭看見國王說道：「上次喝酒我真是糊塗啊，現在我才明白過來，我夢見自己曾經當國王了，每天要考核百官，與大臣商量國家大事，一坐就是一整天，弄得我渾身上下疼痛的厲害。你想想在夢裡當國王都這麼辛苦，如果我真的當上國王了，那還不累死我了。前幾天回答你問題的話，我說的實在不對。」

國王返回王宮之後，與眾大臣談起了這件事情，眾人都是捧腹大笑。

☆ **心靈窗** ☆

其實，有的時候我們不必要去羨慕別人，別人看起來表面可能非常風光，但是他們也會有很多鮮為人知的煩惱與憂愁。而作為我們自身，雖然也會有很多不如意的地方，但是也有很多別人無法體會到了幸福與快樂，所以我們只要做好自己就好，不要總是盲目的去羨慕別人。

## 人生得失，就是尋常事

☆ **智慧語** ☆

世上的事，不如己意者，那是當然的。——老和尚

你認命比抱怨還要好，對於不可改變的事實，你除了認命以外，沒有更好的辦法了。——老和尚

☆ **藏經閣** ☆

明雲禪師曾經在終南山當中修行了很長時間。他在這三十多年的時間裡，每天都是過著平靜淡薄的生活。他的興趣很高雅，不僅喜歡參禪悟道，也非常喜歡花草樹木，特別是喜歡蘭花。

所以在明雲禪師修行的寺廟中，前庭後院裡都栽滿了各種各樣的蘭花，這些蘭花是不同的品種，可以說是來自四面八方，而這些蘭花也都是明雲禪師年復一年積累的結果。每次當他吃完飯後，講經說法之餘，就會去看一看他那心愛的蘭花。大家都說明雲禪師的命根子就是蘭花。

有一天，明雲禪師突然有事情要下山去，於是他在臨行前當然也不會忘記囑咐自己的弟子們好

好照顧他的蘭花。弟子們都非常痛苦的答應了。弟子們每天上午都會把明雲禪師的蘭花一盆一盆的澆一遍水，等到最後的時候，也就是那盆明雲禪師視為珍寶的蘭花珍品——君子蘭，弟子們更是非常小心的照料，因為這可是師父的最愛啊。

但是也許這位弟子澆了一上午的花，已經有點累了，雖然他也知道要小心翼翼，但是越小心越容易出事，他的手也更不容易聽使喚，就這樣水壺一下子就從手上滑落了下來，最後砸在了花盆上，連花盆的架子都給砸倒了，就這樣一整盆的蘭花全給摔在了地上。

這一下子可把徒弟給嚇壞了，呆呆的站在那裡不知道該怎麼辦才好，心想：這回師父回來看到這樣的景象，肯定會大發雷霆的。於是他越想越害怕。這位弟子就這樣內心一直煎熬著等待師父的回來。

到了下午，明雲禪師終於回來了，但是當他知道了這件事情後，卻沒有大發雷霆，而是心平氣和的對弟子說道：「我之所以選擇種植蘭花，就是為了能夠修身養性，當然也是為了能夠改善寺院的環境，我不是為了自己生氣才去種植的。在我們這個世界上，很多事情都是無常的，我們不要執著於心愛的東西而放不下，這樣做根本不是修養者的秉性。」

當時弟子們聽了明雲禪師的這番話後，才放心下來，他們更是對師父的這番話語感到說的太有道理了，於是從此就更加刻苦、努力的認真修行了。

☆**心靈窗**☆

在人世間，風雲無常是常事，每時每刻，每分每秒，每個人、每件事情都是發生著變化的，世間的變化莫測我們是阻擋不了的，而我們所能做的就是放寬自己的內心，不以物喜，不以己悲，以一種平常心來看待世間的風起雲湧。

## 放棄執著，便贏得自在

**☆智慧語☆**

世界原本不是屬於你，因此你用不著拋棄，要拋棄的是一切執著，萬物皆為我所用，但非為我所屬。——佛陀

**☆藏經閣☆**

在很久以前，有一個流浪漢在一條看不見盡頭的道路上面跋涉，他當時背著一大袋很沉重的沙子，而且還有一根裝滿水的粗管子纏在自己的身上。他的右手上托著一塊奇形怪狀的石頭，而左手還拿著一塊岩石，脖子上用一根舊的繩子吊著一大塊磨盤，在腳上還繫著一條生了鏽的大鐵鍊，鐵鍊上面居然還綁著兩個大鐵球。最後他的頭上還頂著一個已經腐爛了的大南瓜。

這個流浪漢非常吃力的走著，他一步一步往前挪著，每走一步，腳上的鐵鍊就會發嘩啦啦的響聲。這個流浪漢走一步就會呻吟一聲，他也開始抱怨自己的命運為何如此的坎坷，如此的艱難，抱怨疲倦總是無時無刻不在折磨自己。

正當這位流浪漢在炎炎烈日下面行走的時候，迎面走過來了一位僧人。僧人問道：「喂，你難

道不覺得自己很累嗎，你為什麼不把你手裡的石頭丟掉呢？」

「我真是太笨了，我之前怎麼沒有想到呢？」流浪漢說道，於是他把自己手上的石頭丟掉了，頓時感覺自己輕鬆了很多。

就這樣，他開始繼續前行，結果不多一會兒他又遇到了一位僧人，僧人問他：「你能告訴我你為什麼不把你頭頂上那個發了黴的，腐爛掉的南瓜給丟掉呢？還有，你為什麼腳上要拖著這麼重的鐵鍊子呢？」

流浪漢回答說：「是啊，我怎麼沒有想到呢？謝謝你能夠為我指出這些，我根本沒有意識到自己在做一件多麼愚蠢的事情。」於是，流浪漢解開了自己腳上的鐵鍊，那頭上的腐爛的南瓜也給丟掉了。這個時候他又覺得自己輕鬆了很多，但是隨著他繼續前行，很快他又覺得自己開始疲倦了，步履也開始慢了起來。

到了後來，他又遇到了一位僧人，僧人見到流浪漢也是和前面的兩個僧人一樣，感到非常的驚訝。於是問道流浪漢：「啊，你這個人好奇怪啊，你為什麼要扛著沙子走路呢，在路邊上到處都是沙子啊，還有你帶了一根很大的水管，好像自己是要穿越沙漠似的，但是你看看路邊，那不就是一條非常清澈的小溪嗎，它其實已經在陪伴著你了。」

聽完這些話以後，流浪漢又解下了自己身上的大水管，把裡面已經變味的水給掉到了。然後，他也把自己身上裝沙子的口袋倒在了地上。

這個時候，流浪漢站在路上，看著天邊的落日開始沉思。當落日的餘暉照在流浪漢的脖子上，他想到了自己脖子上掛著的磨盤，並且已經能夠意識到這個東西會使自己不能直起身子走路，於是他就解下了磨盤，把它遠遠的丟到了河裡面。

現在，流浪漢卸下了身上所有的負擔，感受著傍晚吹來的陣陣涼風，他突然發現自己終於找到了心靈的歸宿。

☆**心靈窗**☆

憂慮就好像是一把鋒利的匕首，隨時都會刺向你的身體，傷害到你的情緒。假如我們能夠不再執著，放下消極悲觀的思想，就很容易找到自己心靈的歸宿，特別是現在這樣一個物欲橫流的社會，我們更需要放下對名與利的執著追求，來尋找一份安靜、舒服的心靈家園，讓我們能夠在繁忙之餘，心靈上得到真正的放鬆。

## 該記住的要記住，該忘記的必忘記

☆**智慧語**☆

你什麼時候放下，什麼時候就沒有煩惱。——《禪宗詩偈》

☆**藏經閣**☆

有一個小和尚到一座小城裡面雲遊，他看到一個店鋪裡面擺放的全都是弓箭，感到很是新奇，於是便在店裡面東瞧瞧西看看。可是店裡面的牆壁上有幾張弓都是上了弦的，而且每張弓都是繃得緊緊的，這些弓掛在牆上。而在貨架上面擺放的那些弓都是沒有上弦的，弓背看起來明顯就是要直一些。當店主看見小和尚對弓箭很感興趣，於是就從貨架上面拿了一張弓，遞到他的手上說：「你仔細的看一看，這可是正經的弓，而且價格也不貴。」

小和尚拿著弓問道：「這弓能夠把箭射多遠呢？」

店主說道：「如果是力氣大的人，能射出一百多米吧，而力氣小一些的人，也能射出七八十米吧，如果是用鐵做成的箭頭，那麼一下子就可以射死一隻羊。」

小和尚就這樣玩著手裡的那張弓，越玩越喜歡，愛不釋手了，最後他決定買兩張弓回去。一張可以自己留著，而另一張他打算送給師父。

當小和尚和店主談好價錢以後，他就讓店主拿兩張上好了弦的弓箭，店主這個時候非常認真的說道：「這牆上掛的上好了弦的弓都是作為樣品的，一般是不會賣的，因為一旦一張弓上好了弦以後，都是繃得緊緊的，如果長時間這樣放著的話弓背和弓弦的力量就會減弱，那麼自然也就射不遠了。買弓就應該買那些新的，沒有上弦的弓，當你用的時候再上弦就可以了。」

小和尚聽完店主好心的話語之後笑著說：「我買這弓也不是要射殺什麼動物，就是為了玩，不必太在乎那些實用的價值。」

店主笑了笑，於是便拿下了牆上幾張上了弦的弓，又從貨架上拿了幾張沒有上弦的弓都放在櫃檯上面，讓小和尚隨便挑。最後小和尚要了一張沒有上弦的弓和一張上了弦的弓。

等小和尚回到寺廟以後，就找了一個空曠的地方，用兩張弓分別試射了幾箭。結果那張剛剛上了弦的弓，能夠一下子射出去三百多米，而事先那張已經上好弦，擺放了很長時間的弓，卻只射出去一百多米。

☆**心靈窗**☆

人就好像這弓，在生活中很多人總是把自己繃得緊緊的，結果是身心疲憊，損傷效力。但是如果一個人總是閒散慣了，到了有用之時，不能夠及時調整自己的情緒的話，那麼也是不行的，所以只有張弛有度，才能夠事有所成，又不會損害自身。

## 你變得簡單，你的人生才簡單

☆**智慧語**☆

真正的布施，就是把你的煩惱、憂慮、分別和執著心通通放下。——小和尚

☆**藏經閣**☆

從前有一位無德禪師，他可是一位得道很高的高僧。在當時他聲名已經遠播，門下有弟子無數，而無德禪師以對待弟子寬厚仁慈而受到眾人的愛戴和敬仰。

有一天，從遠方來了一位信徒到無德禪師出家的寺院拜佛，這位信徒拜完後便坐在客堂裡休息，他剛剛坐下來，就聽到旁邊一位非常年輕的侍者對年事已高的無德禪師大聲喊道：「老師！有一位從遠方而來的信徒在客堂休息呢，您快上茶啊！」

過了一會兒，又聽到那位侍者喊道：「老師！佛桌上的香灰太多了，您趕緊把它擦一擦吧！」無德禪師連忙答應著。

「對了，還有寺廟門前的幾盆菊花，您也別忘了給它們澆水呀！」那位侍者又進一步補充道。無德禪師又扭頭回應。

「中午一定要留這位遠方而來的信徒在寺廟用齋飯。」侍者說完後就走了，而無德禪師把侍者吩咐的話都一一答應了。

這位年老的無德禪師在這位年輕侍者的指揮下東奔西跑，忙來忙去的，好像年輕的侍者成了無德禪師的老師。而這一切都被遠方而來的信徒看在眼裡，最後這位信徒終於有些於心不忍了，他便走上前去輕聲問無德禪師：「老禪師啊，我想冒昧的問下您，剛才那位年輕的侍者和您是什麼關係呢？」

無德禪師臉上露出非常自豪的表情，告訴這位信徒說：「他是我的徒弟呀！」

信徒聽後更是大惑不解了，於是又繼續問道：「既然這位年輕的侍者是您的徒弟，那他為什麼對您還這麼無禮呢？一會兒叫您做這，一會兒又要您做那！這哪像是一名好徒弟的所為啊。」

無德禪師聽完信徒的話後並沒有生氣，反而非常高興的說道：「您想錯了，我能有這樣的徒弟，真的是我修來的福氣啊：在這位信徒剛剛來到我身邊的時候，我只管倒茶，而且也不需要講很多的話；平時佛前的上香換水都是他做，我也就只是幫忙擦擦灰塵而已；他雖然剛才對我說讓我留下您吃飯，但是這飯卻用不著我去做啊，他會去燒茶做飯的。可以說，寺內上下的一切事務都被他安排得井井有條，有的時候讓我感到輕鬆了很多啊，否則我就會更辛苦了！你說有這樣的徒弟是不是我修來的好福氣啊。」

這位信徒聽完無德禪師的話後仍然有些不解，於是接著問道：「既然是這樣，那麼你們是老的大？還是小的大？」無德禪師道：「當然是老的大了，但是小的卻比老的更有用呀！既然我的徒弟把寺廟安排的這麼好，我又何必非要分出個大與小，對與錯呢？有的時候讓自己變簡單一些，我們的生活才會簡單、舒心啊。」

信徒聽完無德禪師的這番話後，略有所思的點著頭。

☆**心靈窗**☆

簡單的生活對我們每個人都有不同的意義和價值。簡單的生活意味著去蕪存菁，避開紛爭去追求內心的平和，以及把時間花在真正對自己重要的事情上。

而這也意味著擺脫糾纏不清的種種因素，把這些時間用來陪伴自己心愛的人和做自己喜歡做的事情。避開一些雜事，你的生活將變得更加簡單而有價值。

## 有的時候，我們應該往下看

☆**智慧語**☆

凡是能站在別人的角度為他人著想，這個就是慈悲。

當你手中抓住一件東西不放時，你只能擁有這件東西，如果你肯放手，你就有機會選擇別的。

人的心若死執自己的觀念，不肯放下，那麼他的智慧也只能達到某種程度而已。——宣化上人

☆**藏經閣**☆

溈山靈佑禪師是溈仰宗派的創始人，他的師父就是著名的百丈禪師，而他的祖師就是馬祖禪師。

記得有一次，師父百丈禪師派靈佑禪師去大溈山佈道講經。由於大溈山的山勢非常的險峻，可以說是荒無人煙，並且山中多猛獸出沒，但是靈佑禪師卻把這些困難都拋在了腦後，他進入山中開始與猿猴為伴，餓了就採摘野果來充饑，靈佑禪師在大溈山一住就是八年的時間，而且在這八年的時間裡，居然沒有一個人進入大溈山。

這一切都讓靈佑禪師感到非常的失望，因為他進入大溈山的目的就是為別人佈道講經，可是已經八年了卻沒有一個人來。於是他決定下山，去尋找別的出路。可是就當靈佑禪師剛剛走到半山腰的時候，就看見有許多的狼虎猛獸攔住了他的去路，於是靈佑禪師就對它們說道：「你們用不著攔我，我如果和這個大溈山有緣分，那麼你們就讓開；如果注定沒有什麼緣分，那麼你們就把我吃掉好了。」於是靈佑禪師的話音剛落，這些狼虎猛獸就悄然散去了。

靈佑禪師感覺自己還是和大溈山很有緣分的，就決定在大溈山再居住一段時間。結果到了第二年的春天，百丈禪師果然帶著十多位弟子來到了大溈山，準備輔佐和幫助靈佑禪師傳道。就這樣，大溈山腳下的居民們知道了這件事情後，也紛紛上山來幫忙修築寺院，結果不到兩年的時間，就聚集了好幾千的弟子。

就連德山禪師也聽說靈佑禪師有著很高的道風，所以特地來拜見。當德山禪師來到寺廟以後，

就直接進入了法堂，但是他朝四周看了一看說道：「沒有，沒有。」其實德山禪師的意思非常明確，就是說法堂上面什麼都沒有。

德山禪師說這句「沒有，沒有」的時候以為自己完全悟道了，然後就大搖大擺的走出了法堂。可是這個時候靈佑禪師卻沒有一絲的反應，就好像什麼都沒有發生過一樣。最後的結果是德山禪師輸給了靈佑禪師。

因為當第二天德山禪師再一次來到法堂，一進門就大叫了一聲「和尚」，話音還沒有落下靈佑禪師就拿拂塵打了他，當時德山禪師的反應也非常迅速，接住了拂塵，就這樣第二輪法戰德山禪師卻占了便宜。

當德山禪師離開寺廟以後，靈佑禪師對眾弟子說道：「這個人以後免不了要經常罵佛祖。」因為德山禪師雖然修行了很多年，但是他總是目空一切，放蕩不羈，還沒有脫離世俗的那一套。

☆**心靈窗**☆

人的眼睛雖然長的高，但是卻應該多往下面看看，整天往高處看，看到的是太多的煩惱，太多的煩亂。而當我們往下看一看，看到的就是一份心境，一份安心，一份雅致。放下是大智慧，手中抓沙，抓的越緊漏得越多，唯有適當的放開我們的雙手，你才能把寶貴的沙子留在手心中。

## 認識自我，切記攀緣其他

☆**智慧語**☆

事情來了，應付一下，不要存攀緣的心，事情去了，不留痕跡，心淨如洗。要曉得三心了不可得的道理。明白之後，依法實行，才是真正懂佛法。——宣化上人

☆**藏經閣**☆

日本有一位真觀禪師，他最開始研究天台教義六年，後來又開始改成學習禪學七年，但是他還是覺得自己有好多問題都沒有解決。

於是他為了得到這些問題的答案，開始四處尋師，明心見性，他不辭辛勞，漂洋過海到了禪的家鄉——中國。真觀禪師在中國遍訪名山中的高僧，參禪學習長達十二年之久。

最後，他經過了這十二年的上下求索，終於在禪門當中找到了自己，所以他決定束裝回國，滿載而歸。

等真觀禪師回到日本之後，他開始在東都、奈良等地弘揚禪法。這一消息傳開之後，很多的學者信徒都從各地趕來求參禪求道，大家都爭相向真觀禪師提一些疑難的問題，請求他給予解答。

這些問題包括：「什麼是自己本來的面目？」「達摩祖師西來大意是什麼？」「人問趙州禪師狗子有無佛性，趙州時而說有時而說無，究竟是有還是沒有？」

這些問題其實都是禪宗裡面的疑難問題，大家都非常希望能夠聽到真觀禪師對這些問題的詳細

解答。可是出乎大家意料的是，真觀禪師聽完這些問題之後，總是閉著眼睛，一個問題也沒有回答。

這時候有的人開始懷疑是真觀禪師不願意與別人議論禪門公案，而有的人則開始埋怨真觀禪師誤人子弟，名不副實，可能他就是浪得虛名，自己還沒有弄明白呢！

真觀禪師針對別人的這些議論，也沒有辯解，就好像是沒有聽見一樣，於是大家只好無奈的離去了。

在這之後，有一位五十多歲的天台學者道文法師，他研究天台教義已經有三十多年時間了，可是他自己覺得自己還沒有精通。他聽說了真觀禪師的大名，就特意前來請教，而且非常誠懇的問真觀禪師道：「我從小就研習天台法華思想，但是有一個問題我卻始終不太明白。」

真觀禪師非常爽快的問道：「天台法華的思想非常博大精深，圓融無礙，應該會有很多問題，可是你只有一個問題不太明白，這已經非常了不起了，是什麼問題啊，說來我聽聽。」

道文法師說道：「法華經說『情與無情，同圓種智』，這意思就是認為樹木花草都可以成為佛，那麼請問花草樹木真的可以成為佛嗎？」

真觀禪師聽完問題之後並沒有直接回答，而是反問道：「三十多年來，你每天都是念念不忘花草樹木皆成佛，對你有什麼好處嗎？你應該關心的是自己如何成為佛？你連這個問題都沒有解決，就先不要去管別的了。」

道文法師聽完真觀禪師的話後，愣了一愣，然後說道：「這個問題，我自己還真的從來都沒有想過，那麼請問大師，我怎麼才能夠成佛呢？」

真觀禪師這個時候笑著說道：「君子無戲言，你說了只有一個問題問我，那麼這第二個問題我就不能為你解釋了，你自己去想吧。」

☆ **心靈窗** ☆

在生活中我們也常常會被一些無名的煩惱所困惑，而禪就是要我們學會放下，不要總想著攀緣其他。

如果自己的心是放鬆的、快樂的，那麼我們做任何事情也就會變得理所當然起來，能夠輕而易舉找到它存在的理由和道理。可是如果自己的內心是煩躁不安的，那麼我們看待任何事情，眼睛就好像在故意和你搗亂，所以看人做事，一定要先調整好自己的心態。

官網


**國家圖書館出版品預行編目資料**

你變簡單，人生才能簡單：一堂禪學的心理諮商課，學會放下與捨得 / 韓立儀，舒欣著 . -- 第一版 . -- 臺北市：崧燁文化，2020.09

面；　公分

POD 版

ISBN 978-986-516-479-9( 平裝 )

1. 禪宗 2. 生活指導

226.65　　109014035


# 你變簡單，人生才能簡單：一堂禪學的心理諮商課，學會放下與捨得

臉書


作　　者：韓立儀，舒欣　著

發 行 人：黃振庭

出 版 者：崧燁文化事業有限公司

發 行 者：崧燁文化事業有限公司



E-mail：sonbookservice@gmail.com

粉 絲 頁：https://www.facebook.com/sonbookss/

網　　址：https://sonbook.net/

地　　址：台北市中正區重慶南路一段六十一號八樓 815 室

Rm. 815, 8F., No.61, Sec. 1, Chongqing S. Rd., Zhongzheng Dist., Taipei City 100, Taiwan (R.O.C)

電　　話：(02)2370-3310　　傳　　真：(02) 2388-1990



總 經 銷：紅螞蟻圖書有限公司

地　　址：台北市內湖區舊宗路二段 121 巷 19 號

電　　話：02-2795-3656　　傳　　真：02-2795-4100

印　　刷：京峯彩色印刷有限公司（京峰數位）





定　　價：340 元

發行日期：2020 年 9 月第一版

◎本書以 POD 印製